中国人が日本人によく聞く100の質問

中国語で日本について話すための本

中国人的100个疑问

張 弘
納村 公子

SANSHUSHA

まえがき

日本と中国との関係を表すのに、“一衣帯水”ということばがあります。これは「帯のような一本の水（海）によって隔てられているだけの近い位置にある」という意味です。古来、日本からは遣隋使、遣唐使が中国へ派遣され、明末、知識人たちが日本へ亡命し、日本に中国の先進的文化が伝えられました。近代には、魯迅や周恩来をはじめとする多数の中国人留学生が日本を訪れ、帰国後、近代思想を中国に伝えました。こうした“一衣帯水”の関係は、20 世紀において不幸な戦争の時代をへて、一時ほとんど交流の機会が失われましたが、1972 年の国交回復後、交流は年を追うごとに深まっていき、現在、経済交流にいたっては年に二桁台の成長を記録し、日中双方にとって貿易相手国としての重要性は、それぞれ一、二位の高さにあります。旅行者数の推移も、中国から日本への観光客は 1990 年代から右肩上がりが続いています。

このように日中関係は、有史以来、最も深まっていると言うことができるでしょう。日本人と中国人は見た目もほとんど変わらず、漢字を通して、おたがいに同じ文化的背景を持っていると思い込みがちです。けれども、日本人は中国に行って初めて、自然環境の違い、社会制度の違い、人々のメンタリティの違い、文化の大きな違いを感じ、中国人も実際に日本に来て初めて、同様な違いに気づくのです。そのとき生まれるのは「どうして？」「なぜ？」という疑問詞です。

質問好きな中国人は、日本について政治の仕組みから日常生活まで実に多くの疑問を抱いています。あなたは彼らの質問責めにどれくらい答えることができますか。しかも誤解のないように、正確かつ簡潔に答えるには？

思い込みは誤解のもとであり、疑問が解けなければ、誤解は永遠に解けません。本書は通訳や教育の現場で出会った中国人から、よく受けるいろいろな質問を 100 の項目に整理して、中国語で答えたものです。質問の項目は地理・歴史・伝統から最新の社会事象や問題まで網羅しています。観光やビジネスなど、さまざまな場面で中国人とのコミュニケーションに活用できるでしょう。

また、日本の読者の方々には、中国の人々が日本についてどのような疑問を持っているのかを知るきっかけにし、本書をもってその疑問に答えられるように役立ててほしいと思います。さらに、本書の中国語文は、心がけて、わかりやすく自然な文にしていますので、中国語のレベルアップにも活用していただければ、うれしく思います。

　なんといっても、本書は日本について全面的かつ簡便なガイドブックとなっています。もちろん、日本語を学んでいる中国人にもかっこうの教材となるでしょう。

　本書を通して、中国の人々の日本理解がさらに深まることを願ってやみません。

張 弘
納村 公子

目次

中国人が
日本人によく聞く
100の質問

1 面积・地形

面積・地形

問

日本的总面积有多大？

日本の面積はどれくらいですか。

答

除了北方领土、尖阁群岛（中国叫钓鱼岛）等与周边国家有领土纠纷的地区以外，划为 47 个都道府县，面积大约有 37.8 万平方公里，与德国差不多。

北方領土や尖閣諸島など国際的な領土問題のある地域を除いた４７都道府県で約 37.8 万平方キロです。だいたいドイツと同じくらいです。

問

为什么还存在与周边国家的领土纠纷？

領土問題はなぜ存在するのですか。

答

1945 年日本成为第二次世界大战的战败国，放弃了殖民地以及实际控制地区，加之以后全球进入冷战时期，领土问题便一直处于悬而未决的状态。

1945 年、日本が第二次世界大戦で敗戦国となったことから、それまでの植民地や実効支配していた地域を日本が放棄し、さらに当時の世界的な冷戦体制のもとで領土確定ができない状況になっているからです。

問

日本是由多少个岛屿组成的？

日本はいくつの島でできているのですか。

答

除了北海道、本州、四国和九州４个大岛以外，还有冲绳群岛、伊豆群岛、小笠原群岛等 6000 个以上的小岛，可以说是由４个大岛和 6000 多个小岛组成的。

北海道、本州、四国、九州の４つの大きな島と、沖縄諸島、伊豆諸島、小笠原諸島など 6000 以上の小さい島々によってできています。

問

日本的地形有什么特征？

日本の地形の特徴はどんなものですか。

答

用一句话来概括，日本是一个多山的国家。从北海道到九州山峦纵贯，宛如日本列岛的脊柱。日本列岛的断面呈三角形，中央高山耸立，两侧略有平地。

一口で言えば、山岳国家だと言えるでしょう。北海道から九州まで背骨のように山脈が横たわっています。日本列島を断面から見ると、三角形になります。中央の高い山と、その両側にある少しの平地ということです。

2 日本的国名

日本という国名

問

日本的国名是怎么得来的？

なぜ「日本」と言うのですか。

答

据说８世纪初受天皇谕旨出使中国（隋唐）的使者，称其来自于“日出之国”，被认为是日本国名的起源。“日本”作为国名正式在世界上使用是进入明治时代以后。除了这一正式称号以外，还有“大和（Yamato）”的雅称。

これは、８世紀初め、天皇が中国（隋と唐）に派遣した使者が、自らの国を「日出ずる国」としたことが起源だと言われています。国際的に国名が定まったのは明治時代からです。正式名称のほかに、一種の雅号として「ヤマト」（大和）という表現もあります。

問

日本的国旗是什么时候开始使用的？

日本の国旗はいつできたのですか。

答

白底红园的设计图案在江户时代作为吉祥的日出图案已经开始使用了。江户时代的封建盟主德川家将太阳形图案作为权威的象征加以使用，幕府末期派往美国的船只咸临丸就挂上了这种太阳图案的旗帜。另外一种说法是起源于江户时代与外国有往来的权势强大的萨摩藩主以及萨摩藩，在与近邻国进行贸易的船上曾挂了太阳图案的旗帜。再追溯到中国的明朝，东海海贼船猖獗，据说日本在贸易船上挂了太阳形图案的旗帜，以示为正式贸易船只。根据这些历史原委制定了现在的日本国旗。

白地に赤い丸というデザインは、江戸時代に縁起のよい日の出としてすでに使われていました。江戸時代の封建盟主であった徳川家は、この日の丸の意匠を権威の象徴として使い、幕末、アメリカに派遣した咸臨丸にこの旗をつけたと言われています。一方、江戸期、外国との交流のあった有力藩主、薩摩藩が近隣との貿易船で日の丸を船に掲げていたことに由来するという説もあります。更にさかのぼって中国の明代、東シナ海で海賊船が盛んだったとき、日本の正式な貿易船として日の丸デザインの旗が掲げられていたと言われています。そうした歴史的経緯によって現在の国旗が制定されました。

問

日本的年号是怎么回事？

日本の年号とは？

答

日本的年号受中国文化的影响自 7 世纪飞鸟时代就开始使用了。一般在天皇即位时制定新的年号，但在发生巨大自然灾害时为了一新人心也会更改年号。明治维新以后规定天皇在位期间只用一个年号。

日本の年号（元号）は、7世紀の飛鳥時代、中国文化の影響を受けてつけられるようになりました。だいたい天皇の即位の際に新しい年号がつけられましたが、大きな自然災害などがあったときにも人々の心を改める意味で年号が変わりました。明治以降は一人の天皇の在位期間が一つの年号と決められています。

3 人口

人口

問

日本虽然面积不大，但是好像人口很多，现在究竟有多少人口？

日本は面積のわりに人口が多いようですが、人口はどれくらいですか。

答

1 亿 2800 万多（2010 年）。人口总数 1955 年就已经超过了 9000 万，不过，2001 年达到 1 亿 7000 万以后就基本持平。

1 億 2800 万人余りです（2010 年）。人口総数は 1955 年に 9000 万人を超え、その後 2001 年に 1 億 7000 万台になり、以後はほぼ横ばいとなっています。

問

日本的人口密度怎么样？

人口密度はどうですか。

答

人口大多集中在东京、大阪和神奈川县一带，这些地区人口密度很高。在东京通勤圈内千叶县和埼玉县的人口密度也较高。而北海道和东北的山区人口密度相对较低。

人口は、東京、大阪、神奈川にとくに集中し、人口密度が高く、東京の通勤圏内になる千葉、埼玉も比較的高くなっています。北海道や、東北の山がちの地方は相対的に低いです。

4 民族

民族

問

日本有没有少数民族？　有没有移民？

日本には少数民族がいますか。移民がいますか。

答

拥有日本国籍可以被叫做“少数民族”的有使用不同语言的阿伊努族。另外，冲绳与本土之间拥有不同的历史，语言也相异，只是很多冲绳人作为日本人的意识很强，语言系统也与日语相通，是否可以说是与“日本人”相异的民族非常困难。此外，日本还有很多来自朝鲜·韩国、中国和台湾等持有永住权的移民。

日本国籍を持つ人で「少数民族」と言えるのは、言語が日本語とまったく違うアイヌです。沖縄は本土とは別の歴史を持つ地方で、ことばも違いますが、沖縄の多くの人は日本人意識が強く、言語系統も日本語に共通しているので、「日本人」とは異なる民族だと言えるかどうかはむずかしいです。そのほか、日本には朝鮮・韓国、中国、台湾をはじめ、永住権を持つ移民系の人々がいます。

問

日本有没有方言？

日本には方言がありますか。

答

现在由于电视的普及和交通的发达缩小了地方差距，导致方言的存在越来越淡漠。本来几乎所有的都道府县都有地方方言，只是如今从北海道到冲绳会说完整的方言的人已经为数不多了。

テレビや交通の普及によって地方差が小さくなった現在、方言の存在は薄れてきていますが、本来、だいたい都道府県別に地方のことばがあります。ただ、北海道から沖縄まで、完璧な方言を話せる人は非常に少なくなりました。

5 宗教

宗教

問

日本人信佛教吗？

日本人は仏教を信じていますか。

答

大多数日本人与欧美人相比信仰心不是太强，从历史上来看佛教和神道渗透日常生活，造就日本人的精神。江户时代佛教的寺庙曾负责管理居民的出生和婚姻，为此，寺庙遍及全国。

大多数の日本人は欧米にくらべると信仰心が薄いですが、歴史的に仏教と神道が日常生活に浸透し、精神性をつくっています。仏教の寺は、江戸時代に出生、結婚など住民管理の役割を担ったので、全国にお寺があります。

問

寺庙和神社的区别在哪儿？

寺と神社の区別は何でしょうか。

答

寺庙是佛教，神社是神道的宗教设施。作为设施的特征寺庙正殿有佛像，神社则有鸟居，近似于中国的"牌楼"，而且，神社里没有像佛像一样的偶像。

お寺は仏教、神社は神道の宗教施設です。施設の特徴としては、お寺には本堂に仏像があり、神社には鳥居という、中国の"牌楼"に似た建築物があります。また神社には仏像のような偶像がありません。

問

参拜寺庙和神社时有哪些规矩？ 需要注意什么？

寺や神社をお参りする際の作法は何でしょうか。注意点は何でしょうか。

答

寺庙和神社都是进出自由，参拜时在寺庙首先要在正殿前深鞠躬，投香资，然后合掌祈祷。在神社要先在“手水舍”的水槽处洗手净口，然后在正殿前摇铃投香资，鞠躬两次，拍手两下，然后合掌祈祷，最后再次鞠躬。不过，这只是一种形式，参拜时相信神佛的存在才是最重要的。虽说寺庙和神社都是进出自由，但不能大声喧哗取笑。神社有些地方禁止拍照，寺庙的正殿内部一般都禁止拍照。

寺も神社も自由に入ることができますが、拝礼するときは、まず寺では、本堂の前で深くおじぎをし、お賽銭を投げたのち、合掌して祈りを捧げます。神社では、手水舎で手と口を清めた後、本殿の前で鈴を鳴らし、お賽銭を投げ入れ、２回おじぎをして２回手をたたき、祈り最後に頭を下げます。ただし、これは形式なので、拝礼するときは神仏の存在を心から信じることが大事です。誰でも入れるけれども、ふざけたり大声を出したりしてはいけません。神社は写真撮影禁止のところもあります。お寺は本堂内部はふつう撮影禁止です。

問

在神社求签灵不灵？

神社のおみくじは当たりますか。

答

俗话说“灵也是卦，不灵也是卦”，求签的人也没那么认真。不过，神签上写着一些可成为人生启示的诗以及日常生活中的注意事项，读一读也是很有益处的。

「当たるも八卦、当たらぬも八卦」ですから、おみくじを本気で信じる人はあまりいません。でも、おみくじには人生のヒントになる詩や、日常生活の細かい注意点などが書いてあり、それなりにためになります。

問

日本也有基督教徒和伊斯兰教徒吗？

日本にはキリスト教徒、イスラム教徒がいますか。

答

都有。包括天主教徒和耶稣教徒（又叫新教教徒）在内，在日本有很多信徒。不过，拥有日本国籍的伊斯兰教信徒比较少。

キリスト教徒もイスラム教徒もいます。カトリック、プロテスタントを含めて日本人の信者は大変多いです。日本国籍を持つ人でイスラム教を信じている人は少ないです。

問

家里都有神龛吗？

神棚はどの家にもありますか。

答

过去几乎所有的家庭都有神龛和佛龛，现在有神龛的家越来越少了。

かつてはほとんどの家庭に神棚と仏壇がありましたが、現在は、神棚を設けている家は少なくなりました。

6 富士山

富士山

問

为什么说富士山是日本的象征？

富士山はなぜ日本の象徴なのですか。

答

富士山作为日本国家的象征是明治维新以后，因为富士山海拔3776米，是日本列岛最高峰，为了建立国民意识，通过学校教育，便将富士山作为日本的象征而推广开来了。但这也不是毫无根据的，江户时代人们就将富士山视为灵山而充满敬仰，掀起了一大登山热潮。可以说富士山是以它独一无二的匀称丽姿和高雅绝伦的气魄唤起了人们崇尚之心。

標高3776m、日本の最高峰・富士山を国の象徴として認識されるようになったのは、明治維新以来のことです。それは、列島でいちばん高い山であることから、国民意識をつくるために学校教育などを通して認識が広められました。しかし、それはまったく根拠のないことではなく、江戸時代には霊山としての信仰が集まり、江戸庶民の間に登山ブームが起こりました。ほかの山にはない均整のとれた美しさ、気高さが人々に信仰心を起こさせたのです。

問

富士山山顶的积雪一年四季都有吗？ 登富士山很容易吗？

富士山頂の雪は一年中あるのですか。簡単に登れますか。

答

每年夏天7月至9月山顶积雪融化，是登富士山的最好季节。车可以开到海拔2300米高的五合目处，即便没有登山经历的人也可由此登上山顶。不过，不能藐视大自然的威力，登山时必需做好相应的登山准备，以免危及生命。更不用说积雪期间的登山是很危险的。

山頂の雪は7～9月ごろの夏にはなくなり、観光のベストシーズンになります。そのころは、標高2300メートルの五合目まで車で行くことができ、登山の経験がない人でも頂上まで登ることができます。しかし、大自然をあなどってはいけません。高山に適した装備をしないと命の危険があります。積雪の期間は言うまでもありません。

問

在日本到处都可以看到冠有富士的名称，这些都与富士山有关联吗？

富士という名前をよく見かけますが、富士山と関係ありますか。

答

很可能有关联。在关东地区有很多地名叫做“富士见坂”、“富士见台”，这些地名都是因为在没有高楼大厦的过去，由此可以看到富士山而得名的。也有希望成为日本第一，并将公司名称起名为富士的企业，还有些山脉因其形状与富士山相似，故称之为“某某富士”。

関係がある可能性は高いですね。関東の地名で、「富士見坂」「富士見台」という名称がたくさんあります。それは、高層ビルなどができる前、そこから富士山が見えたので、そうした名前がつけられました。また、富士山のように日本一になるのだという意味で社名につけられたり、富士山に似た形をしているので「何々富士」と言われる山もあります。

問

据说日本火山很多，富士山也是火山吗？

日本には火山が多いですが、富士山も火山ですか。

答

是的。不过，富士山是停止喷火的休眠火山。自古以来富士山曾多次喷火，最大的一次发生在1707年，喷出的火山灰吹到了江户，也就是现在的东京。至今在东京还能够挖掘出当时火山爆发时的火山灰积成下来的地层。

そうです。しかし、富士山は、噴火活動を休止している休火山です。富士山は古来何度も噴火をしています。最後に大噴火を起こしたのは1707 年のことでした。そのとき吹き上がった火山灰は、江戸（現在の東京）にまで降りました。現在でも東京の地面を深く掘ると、当時の灰が積もった地層が現れます。

問

富士山今后何时可能火山爆发？

富士山は次にいつ噴火するのですか。

答

有很多专家在进行研究，但结论是“谁也不知道”。

たくさんの専門家が研究していますが、結論は「誰にもわからない」です。

7 山

山

問

日本除富士山以外还有哪些高山？

富士山以外にも高山がありますか。

答

仅次于富士山的山脉是山梨县的北岳，高 3192 米，此外，还有横跨长野县和岐阜县的奥穗高岳，海拔 3190 米等，3000 米以上的山脉有 20 多座。

富士山に次ぐ高山は、山梨県の北岳（3192m）で、そのほか長野県と岐阜県にまたがる奥穂高岳（3190m）など、3000m 級の山が 20 以上あります。

問

喜欢登山的人多吗？

登山の好きな人は多いですか。

答

中老年喜爱登山的人较多，因为 1960 年代和 70 年代年轻人经常登山，这些人现在正好进入中老年。

登山が好きな人は比較的中高年層に多いです。1960 年代、70 年代、若い人はよく登山をしていました。その人たちがいま中高年になっているからです。

問

什么是“Yama girl”？

「山ガール」とは何ですか。

答

“山女”就是指喜欢登山的年轻女性。本来喜欢登山的中老年人很多，最近的倾向是年轻女性也迷上了登山，便有了这个流

行语。

「山ガール」は登山が好きな若い女性のことです。登山は中高年に愛好者が多いのですが、最近の傾向で若い女性も楽しむようになり、こういうことばができました。

問

有出售登山用具的专卖店吗？

登山用具専門店はありますか。

答

有专卖店，而且体育用品店里也有登山用品专柜。

登山専門の店もありますし、スポーツ用品店にも登山コーナーがあります。

問

利用“山小屋”需要注意什么？

山小屋の利用マナーは？

答

“山小屋”为了保护自然环境也有不允许使用香波和香皂的情况。此外，必须严守起床时间、就寝时间和用餐时间，不得大声喧哗。自己的垃圾必须自己负责带回家。总之爱护自然，不给他人添麻烦是最重要的。

山小屋では自然環境を守るためにシャンプーやせっけんなどが使えない場合があります。また起床時間、就寝時間、食事時間を守り、大きな声で騒いだりしてはいけません。自分で出したゴミはすべて自宅まで持ち帰らなければなりません。とにかく、自然を守り、人の迷惑にならないことが大事です。

8 河川

河川

問

日本最长的河流是什么河？

日本でいちばん長い川は何ですか。

答

日本第一大河流叫信浓川，长 367 公里，流经长野县和新潟县。第二大河流是利根川，发源于新潟县、长野县和群马县交界处，穿越关东平原流入太平洋，全长 322 公里。第三大河流是北海道的石狩川，长 268 公里。

一位は長野と新潟にまたがる全長 367km の信濃川です。次が、新潟、長野、群馬の境界を源流として関東に流れ太平洋に注ぐ利根川（322km）、第三位が北海道の石狩川（268km）です。

問

在中国黄河和长江被称为母亲河，日本也有这样的河流吗？

中国では黄河と長江は母なる川と呼ばれていますが、日本でもそのような川がありますか。

答

中国人对黄河、长江有很深的感情，而对日本人来说，对河流没有那么深厚的国民情感。可能是由于日本列岛高山和平地的落差很大，年间降雨量充沛，有很多无名的溪流和瀑布，水资源非常丰富的缘故吧，人们没有特别意识到河流带来的恩惠。

中国には、黄河や長江に対して人々の深い思いがありますが、日本の河川には、そこまで国民的な思いはありません。日本列島は、高山と平地との標高落差が大きく、年間降雨量もたくさんあるので、名前のない渓流や小さな滝がたくさんあり、水が豊かなので、さほど大事だと思っていなかったと思います。

9 湖泊

湖

問

日本最大的湖是什么湖？

日本でいちばん大きな湖は何ですか。

答

是滋贺县的琵琶湖，总面积约 670 平方公里。琵琶湖是在数百年以前因地壳变动而形成的，十多条河流流入湖里，湖水流至大阪、京都，成为关西地区的生活用水。古老的琵琶湖还生息着许多固有的生物。

滋賀県にある面積約 670 平方キロの琵琶湖です。琵琶湖は数百万年前、地殻変動でできた湖で、周囲から十数本の川が流れ込み、湖水は大阪や京都に流れ、関西地域の上水になっています。古代湖のため湖水中には固有の生物も多く生息しています。

問

除了琵琶湖以外还有哪些湖泊？

琵琶湖以外にも湖はありますか。

答

北海道的摩周湖、洞爷湖和神奈川县箱根的芦之湖都很有名。摩周湖在日本是以透明度最高而闻名的美丽的湖泊，又因一年四季大雾笼罩，湖面隐约难见神秘诱人而得名“雾中摩周湖”。洞爷湖是因火山爆发而形成的，以自然环境优美闻名遐迩。芦之湖位于国内外游客云集的箱根。

北海道の摩周湖、洞爺湖、神奈川県箱根の芦ノ湖がよく知られています。摩周湖は日本でいちばん透明度が高い美しい湖ですが、「霧の摩周湖」と言われるほど１年中ほとんど霧におおわれ、めったに湖面を見ることができないという神秘的な湖です。洞爺湖は火山の噴火によってできた湖で、周囲の大自然の美しさで知られています。芦ノ湖は国内外の観光客を集める箱根にあります。

10 气候

気候

問

日本的气候有什么特征？

日本の気候にはどんな特徴がありますか。

答

日本属海洋性气候，年降雨量较多，且受纵贯列岛山脉的影响，太平洋沿岸与日本海沿岸各异。夏季太平洋吹来的暖风受山脉阻挡积云成雨，使其沿岸酷热多雨。反之，此间日本海沿岸属一年中降雨比较少的时期。冬季日本海吹来的湿润的寒风受山脉阻挡，给日本海沿岸带来大量降雪，而太平洋沿岸则空气干燥少雨，晴朗的天气居多。

向南北延伸的日本列岛，北海道与冲绳的气温相差很大。1 月至 2 月冲绳就已樱花盛开，而北海道还正至严寒隆冬。当本州平原创酷暑新纪录时，北海道仍是气候宜人。

6 月除北海道以外，日本列岛进入梅雨季节，这也是气候特征之一。

全体的には海洋性気候で、年間降雨量が比較的多いです。また、列島を貫く山岳の影響で、太平洋側と日本海側で違います。夏、太平洋側は暖かい太平洋の風を受けて暑く、山脈に風が当たって雲が発生し雨が多く降ります。反対に日本海側は１年のうちで比較的雨の少ない時期になります。冬は、日本海の冷たく湿った風が吹いて山脈に当たり、日本海側に大量の雪を降らせますが、太平洋側は乾いた空気が流れ込んで、ほとんど雨が降らず快晴の日が続きます。

南北に長い日本列島は、北海道と沖縄とで気温の大きな違いがあります。１月～２月、沖縄ではもう桜が咲きますが、北海道はまだ真冬です。本州の平野部で猛暑が記録される夏の日でも、北海道は比較的快適な気候です。

６月、北海道を除く列島全体が梅雨の季節になることも特徴の一つです。

問

日本常常刮台风吧？

日本はよく台風に見舞われるでしょう。

答

8 月底至 9 月赤道附近产生的台风由南至北袭击日本列岛，时而带来塌方等灾害。但是，台风在北上的同时其风力也逐渐减弱，而且渐渐向东拐去，最后变成热带低气压消失，不会吹到北海道。

８月末から９月にかけ、赤道近くで発生した台風が列島の南から北へと襲ってきて、ときには土砂崩れなどの災害をもたらします。しかし、台風は北上しながら力を弱めつつ徐々に東へとカーブし、やがて熱帯低気圧になって消え、北海道には到達しません。

11 樱花

さくら

問

日本的国花是樱花吗？

日本の国の花は桜ですか。

答

日本没有在法律上特别规定国花，但是广受国民喜爱的樱花可以说是日本的国花吧。另外，作为日本皇室象征的菊花也被国内外视为日本的国花。

日本ではとくに法律で国花を定めてはいませんが、広く国民に愛されている桜は国の花と言っていいでしょう。また、皇室の象徴である菊も国内外で日本の国花と見られています。

問

日本人为什么如此喜爱樱花？

日本人はなぜ桜が好きなのですか。

答

最大的理由还是因为樱花格外美丽吧。早春樱花树的绿叶还未发芽，花蕾就先挂上了枝头，待气温回升适度便一齐绽放。花色近看几乎近似白色，远眺却呈淡粉色。沿街的樱花树好像粉色的云雾把人带入梦境。10 天左右的花期一过，宛如雪花漫舞随风而去，花瓣荡然无存。樱花正是以这种稍纵即逝的美打动人心。

なんといっても桜の美しさでしょう。桜は春先になると葉より先につぼみをつけ、一定以上の気温になるといっせいに開花します。花の色は近くで見るとほとんど白ですが、離れて見ると淡いピンク色で、桜並木はまるでピンク色の霧のように幻想的に見えます。10 日間ほどの開花時期を過ぎると、風に吹かれて雪のように花びらが散っていき、あっという間に花がなくなってしまいます。この美しさとはかなさが人をひきつけてやまないのです。

問

樱花有很多种类吗？

桜には種類がありますか。

答

樱花原本是生长在山间的野生树木，因为太美，古人将其改良成为园艺树木进行栽培。现在最常见的樱花品种是江户时代改良而成的染井吉野，也是每年气象厅预测花期的标准花种。除此之外，还有彼岸樱、大岛樱、寒绯樱等。多重花瓣的叫八重樱，树枝宛如柳枝一样下垂的叫垂樱。

桜はもともと山に生える野生の木でしたが、花の美しさに惹かれた昔の人々が園芸種として改良を進めてきました。現在、最も多く見られるのは、江戸時代に改良された染井吉野で、毎年気象庁などが発表している開花予想の基準になっています。それ以外には彼岸桜、大島桜、寒緋桜など数種あります。花びらが何枚もあるものを八重桜、枝が柳のように垂れているものを枝垂れ桜と言います。

問

樱花树会结樱桃吗？

桜の木にサクランボはなりますか。

答

为丰富人们生活而种植的用来观赏的樱花树一般不会结果，结樱桃的是其他品种，山形县、秋田县和山梨县是樱桃的产地。樱花树的树叶用盐水泡过以后可以用来包糯米糕，花瓣用盐水泡过以后成为樱花茶，在订婚等喜庆的日子饮用。

人々の生活を彩るために植えられている観賞用の桜は、めったに実をつけることがありません。サクランボを収穫するための桜は観賞用とは別の品種で、山形、秋田、山梨などで栽培されています。また、桜の葉は、塩漬けにして桜餅を包むものとなり、花も塩漬けして桜茶になります。桜茶は、婚約祝いなどお祝いの席で飲みます。

問

预报开花时期有什么意义？

桜の開花予想にどんな意味があるのですか。

答

自古以来，人们就将樱花盛开视为春天的到来。早在明治时代学校和公司的新年度的开始就定在４月，樱花作为新一年的象征，何时开花成为世人关注的对象。再说，从古至今日本人就有赏花的习惯，全家人或亲朋好友聚在樱花树下喝酒用餐其乐无穷。每年媒体一发表花期预报，人们就欣欣然忙着安排赏花日期。赏花不仅可以大饱眼福口福，还是加深家人朋友和公司同仁亲情友情的良机，因此，预报花期在全国备受关注。

古来、桜の開花は春の到来を告げる現象として見られてきました。明治時代、学校や会社の年度始まりが４月と定められ、桜が新しい１年の象徴と見られるようになったことから、とくに桜がいつ咲くのかに関心が持たれるようになりました。さらに、古来日本人の習慣となっているお花見という行事があります。これは桜の花の下に家族や友人で集まり、ごちそうを食べ、お酒を飲んで楽しむものです。毎年、マスコミに開花予想の情報が流れると、みんなそわそわしだし、お花見の予定を組みます。お花見は目と舌の楽しみを尽くしながら、家族や友人、会社の同僚たちとの気持ちを深める場として大事な行事なので、開花予想に全国民の関心が集まるのです。

12 森林

森林

問

日本还有天然森林吗？

日本に天然の森林はありますか。

答

现在日本列岛完全没有人工痕迹的天然森林几乎没有。生活在狭小的平地的日本人，为了生活自古就对周围的自然环境加以改良。如今，天然的原始森林只剩下鹿儿岛的屋久岛、北海道的知床以及横跨青森县与秋田县的白神山地了。

日本列島に人の手がまったく入ったことのない天然の森林はほとんどありません。狭い平地に暮らしてきた日本人は、古来、生活のために、周囲の自然環境に改良の手を加えてきたので、天然の原生林は鹿児島の屋久島、北海道の知床、青森県と秋田県にかけてある白神山地などにしかありません。

問

日本的绿化事业开展得很好吧？

日本は緑化が進んでいるようですね。

答

日本的森林覆盖率大约在60%以上，加上农田和公园等达70%以上。这主要是因为日本原本多雨，土地一旦闲置下来杂草便会自然生长，同时，从确保森林资源和保护自然环境的角度出发，展开的各种绿化事业也取得了相应的成效。

日本全体の60パーセント以上が森林で占められ、農地や公園などを含めると70パーセント以上が緑地になります。もともと日本は雨が多いので、土地を放置しておけばすぐに雑草が生えてくるという条件があり、森林資源の確保と自然保護の立場から、さまざまな緑化事業が行われているためです。

13 乌鸦・鸟类

カラス・鳥類

問

日本为什么有这么多乌鸦？

日本はどうしてカラスが多いのですか。

答

日本常见的乌鸦有两种，小嘴乌和大嘴乌，原本是生长在森林的鸟类。乌鸦如此大量增多与都市垃圾密切相关，因为餐饮店和家庭的生垃圾对吃杂食的乌鸦来说是难得的“美餐”。

日本でよく見られるのはハシボソカラスとハシブトガラスという2種類で、本来、森に生息する鳥でした。カラスがこれほど増えたのは、都市部で出るゴミが雑食性の彼らのエサになっているのが原因です。飲食店や家庭から出る生ゴミは、彼らの「ごちそう」です。

問

日本人不认为乌鸦不吉利吗？

日本人はカラスを不吉だと思わないのですか。

答

倒没有特别觉得乌鸦不吉利，只是乌鸦常常扯乱垃圾，乌鸦的粪便肮脏、叫声烦人、大乌鸦为了保护小乌鸦甚至攻击伤人，所以，没有人喜欢乌鸦。为了防止乌鸦带来的危害需要采取各种措施，比如在规定时间内扔垃圾，将扔出的垃圾罩上保护网等等，以免成为乌鸦的食物。

カラスはとくに不吉だとは思われていませんが、ゴミを散らかしたり、糞で汚したり、泣き声がうるさかったり、雛を育てているときは人間を攻撃したりすることがあり、カラスが好きだという人はあまりいません。カラスの害を防ぐには、ゴミを規定時間内に出すとか、ゴミ集積所のゴミにネットをかけるなど、ゴミをエサにしない方法が必要です。

問

日本有哪些鸟类？

日本にはどんな鳥が生息していますか。

答

城市里除了有乌鸦以外，还有很多麻雀、椋鸟、鸽子等，时而可见蓝鹊、雉鸠和大山雀。阳春一过燕子飞来，在街上筑巢。临近河流和大海的地区还有很多海鸥和老鹰，河边还可以看到白鹭和鸬鹚。

郊外生息着各种各样的鸟类。夏天去森林可以听到布谷鸟、黄莺和云雀的叫声。北海道一到冬季天鹅就会从西伯利亚飞来。丹顶鹤自古就很受日本人的喜爱，但是由于自然环境的变化，数量急剧减少，如今被定为天然保护鸟类。而作为世界级保护鸟类的朱鹮，出生于日本的最后一只于 2003 年死去，现在人工繁殖的朱鹮都出生于中国。

都市部ではカラスのほか、スズメ、ムクドリ、ハトなどが多く、オナガやキジバト、シジュウカラも見かけます。春の盛りを過ぎるころにはツバメも飛来して街の中に巣をかけます。川沿いや海に近い地域では、カモメ、トンビがたくさんいます。また、川にはシラサギやウを見かけることもあります。

郊外にはさまざまな種類の鳥がいます。夏の森に行けば、カッコウやウグイス、ヒバリの声を聞くでしょう。北海道では冬になるとシベリアから白鳥が飛来します。丹頂鶴は古来、日本人に愛された鳥ですが、自然環境の変化のため、数が減り、現在では天然記念物に指定されています。国際保護鳥にもなっているトキは、日本生まれの最後の１羽が 2003 年に死に、現在人口繁殖を進めているトキは中国生まれのものです。

14 地震

地震

問

日本地震为什么这么多？

日本はどうして地震が多いのですか。

答

日本列岛处于北美板块和欧亚板块两大大陆板块之上，菲律宾海板块和太平洋板块俯冲其下。因地球板块在不断运动，海洋板块和大陆板块碰撞变形，引起反弹，这就是地震。加之板块内部有活动断层，一旦断层运动就会引发地震。

日本列島は北米プレート、ユーラシア・プレートという大陸プレートの上にあり、フィリピン海プレート、太平洋プレートという海側のプレートがその下に沈み込んでいます。地球のプレートは常に動いているので、海側プレートと大陸プレートとのひずみが大きくなると、反動が生じ、それが地震となります。また、プレート内部にも活断層があり、それが動いて起こる地震もあります。

問

日本自古就是地震多发国吗？

日本は昔から地震の多い国ですか。

答

根据最早的记录，早在 5 世纪奈良就发生过地震，以后从当时的资料了解到每世纪都曾发生多次地震。江户时代末期，安政年间的 1854 年和 1855 年连续发生了东海和南海地方大地震，加之幕府末期政局不稳，人们陷入巨大的不安。到了明治时代，1896 年东北三陆地方发生地震，有 2 万 2 千多人遇难。1923 年（大正 12 年）发生的关东大地震罹难人数多达 14 万，其惨状流传至今。

いちばん古い記録では、５世紀、奈良で地震が起きたことがわかっています。以後も、当時の資料から各世紀にいくつもの地震が起きています。江戸時代末期、安政年間の1854年、1855年には続けて東海、南海地方に大地震が起き、幕末の政情不安に加えて人々を不安に陥れました。明治になってからは、1896年、東北の三陸で起き、当時2万2000人あまりが犠牲になりました。1923年（大正12年）に起きた関東大震災は14万人あまりの死者が出た大災害となり、現在でも語り継がれています。

問

1995年和2011年大地震的受灾情况如何？

1995年と2011年の大地震の被害はどうでしたか。

答

1995年1月17日凌晨，以兵库县南部为中心的关西地区发生了里氏7.3级大地震，此次地震被称为阪神淡路大地震。高楼大厦、房屋住宅倒塌，道路受损，六千多人遇难。罹难者大多被压在倒塌的房屋下。2011年3月11日下午2点46分发生的东日本大地震，震源在宫城县海域，震级里氏9级，强烈的摇晃波及到关东地区，遇难者及失踪者多达两万人（2011年11月现在）。此次地震还引发了高达10米以上的海啸，大多罹难者都是被卷入海啸而丧身。此外，福岛县核电站因此发生重大事故，周边大范围居民的日常生活毁于一旦。如此惨重的灾害震撼了全世界，此次地震、海啸以及核电站事故希望能成为世界人民共同的教训。

1995年1月17日早朝、兵庫県南部を中心とする関西地域にマグニチュード7.3の大地震が起きました。阪神淡路大地震という名称のこの地震では、ビルや家屋、道路などが破壊され、6000人を超える犠牲者が出ました。犠牲者の多くは倒壊した建物の下敷きになったものです。2011年3月11日午後2時46分に起きた東日本大震災は、震源地を宮城県沖としてマグニチュード9にものぼる大地震で、大きな揺れは関東地方にも達しています。犠牲者・行方不明者は2万人あまりにも達しました（2011年11月現在）。この地震では高さ10メートルを超える大津波が発生し、犠牲者のほとんどは津波にのまれたものでした。しかも、福島県の原子力発電所で大事故が起き、広範囲におよぶ住民が故郷での日常生活を奪われる事態となりました。この大災害は世界を震撼させましたが、地震、津波、そして原発事故は全世界の人々が教訓として受け取ってほしいと思います。

問

日本人不怕地震吗？

日本人は地震がこわくないのですか。

答

没有人不怕地震吧。只是天降灾难，人出智慧罢了。1923 年关东大地震正好发生在做午饭的时候，由此引起火灾，据说很多人都因此丧身。1995 年阪神淡路大地震发生在凌晨，电气和煤气设备被摇坏，引发了巨大火灾。经过这些悲惨的教训，修改了建筑物抗震标准。城市煤气只要感知一定程度的摇晃便会自动关闭。另外，接受 1993 年北海道奥尻发生的地震和海啸的惨痛教训，一旦地震发生就会同时公布海啸信息。

但是，2011 年东日本大地震告诉我们，这些对策仍然不足以抵御自然的威力。

地震がこわくない人はいないでしょう。ただ、天が下す災害があるならば、人間には対策を考える知恵があります。1923 年の関東大震災はちょうど昼食の支度をする火が原因で火災が発生し、死者の多くはそのために亡くなったと言われています。1995 年の阪神淡路大震災は早朝でしたが、揺れによる破壊で電気やガスの設備が破壊され、大きな火災が起きました。こうした経験から、建物の耐震基準が見直され、都市ガスは一定以上の揺れが起きると自動停止するように設備が整えられ、津波災害については、1993 年、北海道奥尻で起きた地震・津波による悲惨な災害を教訓として、地震発生とともに津波情報が発表されるようになりました。

しかし、2011 年の東日本大地震では、これらの対策が自然の力に追いつけませんでした。

15 防灾

防災

問

发生地震的时候应该采取什么样的行动？

地震が起きたらどうしたらいいのでしょうか。

答

首先要确保生命安全。煤气即使在使用中总开关也会自动关闭，因此不用去闭火。不要用手去支撑摇晃的书架和橱柜等，应躲在桌子下面，用结实的东西保护头部。

跑出去避难不一定安全，但是应考虑到有被关在室内的可能，在最初的摇晃告一段落时，打开窗户和门确保避难通道。出去时应注意保护头部，以免被落下来的东西砸伤。

摇晃强烈时，如在离河边和海边很近的地方，应迅速转移到高处避难。

まず第一に身の安全を確保します。ガスの火を使っていても元栓が自動的に止まるので、消しに行かなくても大丈夫です。本棚や食器棚などが揺れていても、決して手で押さえたりしてはいけません。机の下に入ったり、硬い物で頭を守ったりしてください。

外に出ることは必ずしも安全とは言えませんが、閉じ込められる可能性を考えて、最初の揺れが収まったら、窓やドアを開けて逃げ道を確保してください。外に出るときは落下物があることを考え、頭を守るものをかぶってください。

大きな揺れのとき、川や海に近いところにいたならば、すぐに高台に逃げてください。

問

个人可以做到的防灾对策有哪些？

個人ができる防災対策は？

答

为了保证外出时或在单位里也能及时得到各种信息，应该随身携带可以上网的手机和微型收音机。只有得到确实可靠的信息，才不会慌乱，并做出冷静的判断。
平时应该确认好家里和单位哪些地方可以确保安全。在最初的摇晃停下来后，首先就应该确保水源。如浴缸里时常装满水可以用来冲厕所，这是有效的对策之一。同时平时还应储存瓶装水。
现在在日本灾后三天以内一般救援物质可以运到，因此有必要在家里和单位储备至少可以维持三天的食物。
另外，还应采取防止家具倒塌的相应措施。

外や職場にいても情報が得られるように、ネット接続の携帯電話や小型ラジオを常に携帯しましょう。確かな情報があれば、パニックに陥ることなく、冷静な判断ができます。

家や職場では、安全確保が可能な場所を確認しておきましょう。最初の揺れが収まったとき、第一に行うべきは、水の確保です。トイレ用にはお風呂の浴槽に常に水をためておくことが有効です。ペットボトルの水も常備しておきましょう。

現在の日本では、災害の三日後には救援物資が届けられるはずなので、最低三日分の食糧を家や職場に用意しておく必要があります。

また、家具の転倒防止対策もしっかりやっておきましょう。

問

定期举行防灾训练吗？

防災訓練は定期的に行われていますか。

答

企业、学校和公共机关等为了应对火灾和地震等不测事态的发生，定期举行防灾训练。有些社区也举行防灾训练。

企業や学校、公共機関などでは火災や地震などの災害を想定し、防災訓練が定期的に行われています。地域でも行っているところがあります。

問

如何解决回家困难的问题？

帰宅困難の問題はどう解決しますか。

答

发生大地震时，预测在东京、大阪等大都市会出现大量的回家困难者。为此，公共机关为回家困难者们储备一至数日的粮食和饮料水等，并鼓励市民平常在单位备好干电池、水、小型收音机和手电筒等，确认好回家路线和指定避难所的地理位置。

大地震が発生したとき、東京や大阪などの大都市で多数の帰宅困難者が出ることは予想されていたので、公共機関では、帰宅困難者が1日から数日滞在できるように食糧や水などを用意しています。個人でも日常から乾電池や水、小型ラジオ、懐中電灯などを勤務先に用意したり、帰宅経路や指定避難所の位置を確認しておくことが推奨されています。

16 三权分立

問

美国总统是通过大选由国民直接选举的，日本首相也是直选产生的吗？

三権分立

アメリカの大統領は、国民の直接選挙で選ばれますが、日本の首相も同じように選出されるのですか。

答

日本没有采用总统制，国家元首即为首相（内阁总理大臣）。首相不是直选，而是通过议会决议从国会议员中指名产生的间接选举。实际上是由通过国会议员选举获得半数以上席位的执政党党首就任首相，如复数政党建立联合政权时，要通过联合执政党内部的商议来决定。

日本は大統領制をとっていないので、国家の代表は首相（内閣総理大臣）です。首相は直接選挙でなく、議会の議決によって国会議員の中から指名される間接選挙です。実際には、国会議員選挙を通して議会の過半数を占めた与党の党首が首相になりますが、複数政党による連立政権のときは、連立与党内での話し合いによって決まります。

問

日本采取三权分立制吗？

日本は三権分立の制度を取っているでしょうか。

答

日本二战后制定的宪法规定采取三权分立制度。具体来说行政权（执行法律的权力）属内阁，立法权（制定法律的权力）归国会，司法权（维护法律的权力）则是法院所有。

日本では戦後に制定された憲法によって三権分立の制度ができました。具体的には、行政権（法を執行する権力）は内閣、立法権（法を定める権力）は国会、司法権（法を守る権力）は裁判所が有します。

問

三权之中拥有最大权力的是内阁吗？

三権でいちばん大きな権力を持っているのは内閣ですか。

答

所谓三权分立是指为了不让国家权力集中在一个部门，将行政权、立法权和司法权三权分散，互相监督，以求权力均衡的制度。三权分立同时又是三权鼎立，并不意味着某一权力最大。比如说，法院也有判国家败诉的情况。

三権分立とは、国家の権力が１つに集中しないように、行政権、立法権、司法権の３つに分散させ、それぞれが互いに監督しあって権力のバランスをはかる制度です。三権分立とは権力の鼎立なので、どれかの権力がいちばん大きいということではありません。たとえば裁判所は国家を敗訴にすることもあります。

17 选举

選挙

問

所有的国民都有选举权和被选举权吗？

選挙権と被選挙権はすべての国民にあるのですか。

答

只要是年满二十岁的日本国民（拥有日本国籍的人）都有投票权（选举权）。当候选人的权利（被选举权）国会议员和都道府县的议员有所不同，但是，凡是年满二十五岁或三十岁以上的日本国民都拥有这一权利。只是被判刑收监的人既无选举权也无被选举权。

投票する権利（選挙権）は、20歳以上の日本国民（日本国籍を持つ人）であれば、すべての人にあります。立候補する権利（被選挙権）は、国会議員や都道府県議員などによって違いますが、25歳または30歳以上の日本国民すべてにあります。ただし、禁固刑に処せられている人にはいずれも（選挙権および被選挙権）ありません。

問

住在日本的外国人也有选举权吗？

日本に住む外国人にも選挙権がありますか。

答

包括拥有永住权的外国人在内，在日本的外国人没有选举权和被选举权（参政权）。

永住権を持っている外国人を含め、在日外国人には選挙権および被選挙権（参政権）はありません。

問

国会议员一共有多少人？

国会議員は全部で何人いますか。

答

众议院议员共有 480 人, 参议院议员共有 242 人, 总共 722 人。

衆議院議員が 480 人、参議院議員が 242 人で、合計 722 人です。

問

参议院和众议院的议员是怎么选出来的？

参議院と衆議院の議員はどうやって選ばれますか。

答

参议院每隔三年改选一半议席，众议院则每隔四年所有议席全部重选。只是解散时，参议院无论任期如何都要进行选举。选举方法是日本全国按人口分选区，并规定选区议员的定员，各选区拥立候选人，由在选区内有住址的选民进行投票。

参議院は３年ごとに半数の改選、衆議院は４年ごとに全議席の選挙が行われます。ただし解散が行われた場合、参議院は任期に関係なく選挙に入ります。選挙の方法は、日本全国を、人口などをもとに分けられた選挙区に定員が設けられ、それぞれの選挙区に立候補者が立ち、選挙区内に住所を持つ有権者が投票します。

18 征税制度

税制度

問

年收入从多少开始征收所得税？

所得税は年収いくらから徴収されますか。

答

收入属工资所得时，扣除社会保险费、医疗保险费以外有 103 万日元以上就属征收对象。收入不属工资时，扣除经费、社会保险费、医疗保险费以及基本扣除部分后都属征收范围。

給与所得の場合は、社会保険料、医療費控除を差し引いた金額が年間 103 万円以上になった場合から課税の対象になります。給与でない場合は、経費、社会保険料、医療費控除、および基礎控除などを差し引いた額が課税対象となります。

問

消费税是多少？

消費税は何パーセントですか。

答

目前是 5%。

現在のところ５パーセントです。

問

固定资产税是指什么？

固定資産税とは何ですか。

答

固定资产是指不动产，固定资产税即拥有土地、公寓、房子时需缴的税。

固定資産とは不動産のことです。土地やマンション、家を所有している場合に課せられます。

問

什么是住民税？

住民税とは何ですか。

答

住民税就是提交居民登记的居住地地方政府（都道府县、区市町村）征收的税金，这些税金用来回收垃圾、修建道路、以及用于维持警察、消防、图书馆等公共设施的运营，为居民提供各项服务。

住民税とは、住民届けを出している居住地の地方自治体（都道府県、区市町村）が徴収する税金で、その税はゴミの収集や道路の整備、警察、消防、図書館など公共施設の運営など住民サービスのために使われます。

19 天皇

天皇

問

天皇在日本人心目中占有什么样的位置？

天皇は日本人にとって、どのような存在でしょうか。

答

虽然日本宪法将天皇定位于“作为国家象征的元首”，但日本人一般认为天皇是日本文化的代表，并希望皇室成员建立日本国民理想的家庭。

天皇は憲法では「国家の象徴としての元首」と規定されていますが、一般の日本人には、日本文化の代表者のように思われ、皇室の人々は理想的な日本のファミリーであってほしいと思われています。

問

只有长子才能继承皇位吗？

王位の継承は長男に限るのでしょうか。

答

皇位的继承权仅限于男子。虽说历史上曾有过女性天皇，但二战后的法律正式规定皇室原则上由男子继承皇位。皇位继承权的顺序是天皇的长男即皇太子为第一，皇太子的儿子为第二，如皇太子没有儿子，皇太子的弟弟为第二。

皇位継承は男子に限ります。歴史的には女性が天皇の位についたことがありますが、戦後、男子継承が正式に法律で定められました。皇位継承順位は、天皇の長男がいちばんで皇太子となり、皇太子に男子ができれば、その子が二番となります。男子ができなければ、皇太子の弟が二番になります。

20 自卫队

自衛隊

問

自卫队跟军队一样吗？　为什么不叫军队，而叫自卫队？

自衛隊は軍隊と同じですか。なぜ軍隊と言わず、自衛隊と言うのでしょうか。

答

日本国宪法禁止拥有军队，所以自卫队不是军队。自卫队是二战后在战胜国美国的指导下，以日本的安全保障为目的而组成的。所以，也有意见认为自卫队实质上相当于军队，违反了日本宪法。但是，自卫队完全置于文民控制之下，自卫队干部没有政治发言权。

日本国憲法では軍隊を持つことを禁止していますので、軍隊ではありません。自衛隊は戦後、戦勝国アメリカの指導のもと日本の安全保障のために組織されました。実質上の軍隊であり、憲法に違反しているという意見もありますが、完全に文民統制のもとに置かれ、自衛隊幹部に政治的発言権はありません。

問

自卫队员的招募是采取征兵制吗？想进自卫队的人多吗？

自衛隊員は徴兵制ですか。自衛隊員になりたい人は多いですか。

答

自卫队队员是一般招募。因自卫队随时都在招募队员，可能想进自卫队的人不是很多吧。

自衛隊員は徴兵ではなく、一般から募集します。自衛隊ではいつも隊員募集をしているので、なりたいという人はあまり多くはないようです。

21 居住环境

住まい

問

什么是“和室”？

「和室」とはどういうものですか。

答

“和室”就是铺有榻榻米的房间，一般日本家庭都有这样的房间。日本的传统房屋都是木结构，最典型的建筑材料可以说是榻榻米。榻榻米是世界上独一无二的日本特有的建筑文化。铺有榻榻米的“和室”被视为完完全全的私人空间，要脱鞋入内，在里面会给人一种安心感。

「和室」は畳をしいた部屋のことで、日本の一般家庭にはこういう部屋があります。日本の伝統的家屋は木造です。最も典型と言えるのは畳という建材です。畳は世界でも日本にしかない建築文化です。畳のある「和室」は完全な私的空間で、はきものを脱いで上がることによって安心感を持つことができます。

問

“和室”有什么特征？

和室の特徴は何ですか。

答

首先室内要高于玄关，由此区分内外。同时，榻榻米的房间不适合放置沉重的家具，因此，传统的“和室”里几乎没有家具，但有被称之为壁橱的收藏空间，在盖房子时就一起建好。“和室”前后没有可以开关的门，由横向滑动的拉门或障子来分隔房间。

まず住まいが玄関から一段高くなっていて、そこで外と内とがはっきり区別されます。また、畳の部屋は重い家具を置くのに適さないので、伝統的な和室にはほとんど家具がなく、代わりに押し入れという収納スペースがあります。これは建築の段階でつくられます。さらに、前後に開け閉めするドアはなく、スライドするふすまや障子によって部屋が仕切られます。

問

在日本买房子很贵吧？

日本で家を買うにはかなり高いでしょう。

答

要看地方。像东京、大阪这样的大城市市中心房价一直居高不下，但是，地方城市房价相对比较便宜，如果地处交通不太方便、基础设施不够完善的地区就更便宜了。只是一般考虑到生活之便，还是愿意贷二、三十年款在大城市或上下班方便的地区购房。

地方によります。不動産価格が高い東京や大阪など大都市の中心地はどうしても高くなります。地方都市となるとだいぶ安くなり、交通の不便なところやインフラが整備されていないところになれば、かなり安くなります。しかし、ふつうは生活を考え、20年、30年のローンを組み、都市部やその通勤圏に住宅を購入しています。

22 垃圾与环保

ゴミと環境

問

日本的街道上几乎看不到垃圾箱，但是非常整洁，这是为什么？

日本の街はゴミ箱をほとんど見かけないのに、とてもきれいです。なぜでしょうか。

答

其实大都市的中心地区并不是太干净，也许比中国垃圾显得少一些罢了。本来在日本一般认为自己家周围如果因为垃圾而显得脏乱是很丢人的事，因此即便是公用街道，周围居民也要用扫帚打扫干净。可能是这种社区意识自古以来就很强的缘故吧，特别是农村，整个村庄都要打扫得干干净净。

都心部はあまりきれいではありませんが、もしかしたら、中国よりゴミが少ないかもしれません。もともと日本では、自分の家のまわりがゴミで汚れているのを恥だと考える意識があって、公共の道であっても近所は箒ではいてきれいにします。それはコミュニティ意識が伝統的に強いからでしょう。とくに農村に行くと、村全体がとてもきれいに清掃されています。

問

听说垃圾分类分得非常细，具体是怎么分的？

ごみの分類は大変細かいと聞いておりますが、どのように分類するのですか。

答

垃圾的分类因地而异，一般分为可燃垃圾和不可燃垃圾。可燃和不可燃的区分是根据各地区设置的焚烧炉的功能大小来区分的，要想了解具体情况可以去当地的清扫部门咨询。

ゴミの分別は地域によって違いますが、ふつう可燃ゴミと不燃ゴミに分けられます。可燃・不燃の区別は、地域に設置されている焼却炉の能力によって違うので、具体的には地域の清掃部門に問い合わせれば教えてくれます。

問

日本人的环保意识非常强，是不是学校教育的结果？

日本人のエコ意識が大変高いですが、学校教育の成果でしょうか。

答

环保意识高涨起来只是这十年左右，那以前与欧美相比应该是较低的。但是，因为日本资源贫乏，虽然经济优先政策带来了经济的高速增长，但同时传统文化和自然环境也随之消失，对此普通市民产生了危机感，并开始展开环保运动。之后，石油等自然资源的局限也逐渐显现，环保成为国民的共识，并反映到了学校教育。

エコ意識が高くなったのはこの10年くらいのことで、それまで欧米にくらべて意識は低いものでした。しかし、日本は資源が乏しいうえに、経済優先の高度経済成長によって伝統文化とともに自然環境が失われていく実態に一般市民が危機感を抱き、市民のあいだに環境保護運動が起こりました。そして、石油などの天然資源の限界が見え始め、エコロジーが国民のコンセンサスを得るようになり、学校教育にも反映されていったのです。

問

二战后的高速发展期有过环境污染吗？　是怎么解决的？

戦後の高度成長期に環境汚染がありましたか。どのように解決したのですか。

答

环境污染从明治时代的“群马县足尾铜山矿毒污染”开始，到引发“水俣病”的九州水俣市的水银污染河流，因开发矿山而引起“骨痛病”的镉污染，导致三重县“四日市哮喘病”的大气污染等等，很多人成为严重的环境污染的牺牲者。

为了克服环境污染和公害病，有良心的地方议员、医生、被害者以及产生共鸣的市民共同展开运动，由此要求改善环境和保护环境的舆论高涨，推动了行政机构。

環境汚染は明治時代の「群馬県足尾銅山鉱毒汚染」を初め､「水俣病」を引き起こした、九州水俣市の水銀による河川の汚染、「イタイイタイ病」を引き起こした､鉱山開発に伴うカドミウム汚染、三重県に「四日市ぜんそく」をつくった、大気汚染による深刻な公害など、多くの犠牲者を出してきました。

環境汚染と公害病の克服は、心ある地方議員、医師、被害者、共感する市民の運動により、環境の改善と保護の世論が高められ、行政を動かしました。

23 市容

街のようす

問

日本为什么有那么多便利店？

日本にコンビニが多いのはなぜですか。

答

便利店多可能跟经济结构的变化有关吧。过去城区各处都有卖大酱和酱油的店、菜店、鱼店和水果店等私人开的商店，到1970 年代至 1980 年代大型超市开业私人商店急剧减少，但是，大型超市满足不了社区居民零碎的需求，于是取代过去私人商店而为社区做贡献的现代“杂货店”便利店就受到人们青睐了。

コンビニが多いのは、経済の構造変化によるものでしょう。かつてはどこの町でも味噌や醤油の店、八百屋さん、魚屋さん、果物屋さんなどの個人商店がありましたが、1970 ~ 1980 年代、大手スーパーマーケットの進出により個人商店が激減しました。しかし、大手スーパーでは、地域住民の細かいニーズに応えることができません。そこで、かつての個人商店に代わり、地域に貢献する現代の「よろずもの店」としてコンビニが受け入れられたのです。

問

日本的治安为什么这么好？

日本の治安はなぜこのようによいのですか。

答

日本是世界上治安良好且投资风险较小的国家，并博得了世界各国的公认，但是近年来情况也不完全如此。不过，一般来说生活在日本被人骗，东西被偷等危险性较小，晚上基本上也很安全。这可能是因为日本人自古就生活在狭小的国土上，人与人之间有着互相信赖的传统吧。在日本初次相见的人首先要从信赖对方开始建立关系。

日本は世界の中でわりあい治安がよいと言われ、日本への投資リスクは低いという定評でしたが、近年はそうでもありません。ただ、日本での生活は日常的にだまされたり、物を盗まれたりする危険性は少なく、夜もだいたい安全です。それは、狭い国土で古来生活してきた人々が互いに信頼し合う伝統をつくってきたからでしょう。日本では初めて会った人とは、まず信用することから関係形成を始めます。

24 药妆店

薬局

問

日本街上为什么有那么多药妆店？

日本の街にはどうしてあんなにたくさんのドラッグストアがあるのですか。

答

药妆店本来是销售医药品的商店，包括保健药品、化妆品和洗涤剂等日用品，因为廉价出售，因此成长为吸引众多顾客的大型店铺了，如今每条街都有几家店铺。

ドラッグストアは本来は一般向けの医薬品を販売する店ですが、サプリメントや化粧品、洗剤などの日用品も扱う店で、ディスカウントでたくさんの客を集める大型店が成長し、どこの街にも数軒の店が現れるようになりました。

問

药妆店为什么卖洗涤剂这些日用品？

薬局はどうして洗剤などの日用品を売っているのですか。

答

化妆品和洗涤剂等日用品一般比医药品畅销，而且商品种类多的话，顾客除了购买要买的商品外顺便还会购买一些其他东西，因此，出于促销目的也放一些日常用品。

一般医薬品より、化粧品や洗剤などの日用品のほうが日常的によく売れるし、いろいろな品物を置いておくと、お客は目的の物以外もついでに買っていくことがあるので、そうした販売効果もねらっているようです。

問

药妆店的店员都有药剂师的资格吗？

ドラッグストアの店員はみな薬剤師の資格を持っているのですか。

答

按医生的处方配药的药店一般店员都是药剂师，不过，一些大型店也有没有药剂师资格的店员。

医師の処方箋に基づいて医薬品を提供する薬局ではふつう店員全員が薬剤師ですが、大型店では資格を持っていない店員もいます。

問

药妆店的化妆品和百货店等的化妆品有区别吗？

ドラッグストアの化粧品とデパート等の化粧品と違いますか。

答

药妆店的化妆品不仅价格合理，而且集中了各个厂家的品牌，种类丰富。此外商品均为开架出售，可以随意取看，并有试用样品可自由试用。但百货店的化妆品按厂家设专柜，由美容顾问为顾客选择最佳化妆品。只是，百货店里的化妆品均为高档品，价格不菲。

ドラッグストアで売られている化粧品はリーズナブルで、各種メーカーの製品が豊富にそろっています。また商品棚がオープンなので、気兼ねなく手にとって見ることができ、お試し用のサンプルもあるので、自由に試してみることができます。一方デパートの化粧品売り場は、各メーカーごとのブースに分かれ、専門の販売員がお客さんに最適なものを選んでくれます。いずれも高級品ばかりなので、高価です。

25 社会公德

公共のマナー

問

在日本不允许边走边吸烟吗？

日本では路上で喫煙してはいけないのですか。

答

在人多的繁华街边走边吸烟是没有公德的行为。有些城市有条例禁止在路上吸烟，如违反是要罚款的。

人の多い繁華街などでは、それはマナー違反です。一部の都市では条例により禁止され、違反すると罰金が科せられることがあります。

問

在电车和公交车等交通工具上不能接打手机电话吗？

電車やバスの中で携帯電話は使えないのですか。

答

在电车和公交车上打手机电话是违反公德的。乘特快电车和新干线时应将手机铃声调为振动模式，接打电话时需要暂时下车，或到车辆衔接处通话。不过，在车上接发手机短信是可以的。

バスや電車の中で携帯電話で話すことはマナー違反です。特急電車や新幹線などでも車内では呼び出し音をマナーモードに設定し、通話するときはいったん乗り物から降りるか、車両のつなぎ部分に行きましょう。ショートメールは大丈夫です。

問

开会时手机来电怎么办？

会議中に携帯電話にかかってきたときはどうするのですか。

答

开会时或者和顾客谈生意时一般是不能接电话的。如果是妻子或丈夫打来的电话，除非是有特殊事情是绝对不能接的。如果

在开会时或谈生意时，接打家里的一般电话，也许第二天就会被炒鱿鱼。

会議中や得意先との商談中にかかってきても通常は出てはいけません。もしそれが妻や夫からの電話だったら、特別の事情がない限り、絶対に出てはいけません。会議中や商談中に、家庭とのふつうの会話を携帯電話でしたら、明日はクビになるかもしれません。

問

垃圾不能随便扔在路上吧？　找不到垃圾箱时怎么办？

ゴミは路上に捨ててはいけませんか。ゴミ箱がないときはどうしますか。

答

过去垃圾扔在路上可以返归自然，现在垃圾几乎都是不会自然腐蚀的塑料制品，因此不能随意乱扔，必须扔到指定的地点。没有垃圾箱时，应各自将垃圾带回家里处理。

昔、ゴミは放置しても自然に返りましたが、現在のゴミは自然に腐食しないプラスチックなどがほとんどなので、みだりに捨ててはいけません。ゴミは指定されたところに捨てましょう。ゴミ箱がないときは家まで持ってかえるべきです。

26 地区划分

地方

問

日本的都道府县是怎么划分的？

日本の都道府県とはどのような区分けですか。

答

都道府县是最大的行政机构，相当于中国的省。都指东京都，道则是北海道，府是大阪府和京都府，其他还设 43 个县。

都道府県は、いちばん大きな行政単位で、中国の省レベルに相当します。都は東京都、道は北海道、府は大阪府と京都府、そして 43 の県です。

問

关东、关西、近畿、中国等地方是如何划分的？

関東・関西・近畿・中国などはどのように分けられているのでしょうか。

答

这些地方是按地理位置和地形以及历史文化背景来划分的。江户时代的幕藩体制是划分的基础。

これらの地方区域は地理・地形とともに、歴史と文化によって分けられています。基礎になっているのは、江戸時代の幕藩体制です。

問

政令指定都市是指什么？

政令指定都市とはどういうものですか。

答

由内阁指定的人口在 50 万人以上的大都市被称为政令指定都市。比如北海道的札幌市、千叶县的千叶市、大阪府的大阪市等。每个政令指定都市的福祉、医疗以及教育等一部分权限独

立于道、县、府。

内閣によって指定される人口 50 万以上の大都市のことです。たとえば北海道の札幌市、千葉県の千葉市、大阪府の大阪市などで、それぞれの指定都市は、福祉、医療、教育などの面で権限の一部が道、県、府から独立して行われます。

27 城市与农村

都市と農村

問

在中国城市和农村的差距很大，日本怎么样？　农民生活富裕吗？

中国では都市と農村の格差が大きい。日本はどうでしょうか。農家の生活は豊かでしょうか。

答

在日本农村和城市的收入也有一定的差距，但是，对生产粮食的农民国家和地方政府给予一定援助，不能一概而论认为农村就一定贫穷。不过，专业农户要维持生计较难，同时兼公司职员等的情况较多。

日本でも農村部と都市部とでは収入の格差はあります。しかし、食糧を生産する農家には国や地方自治体の支援があり、いちがいに農村が貧しいとは言えません。農業の専業で生活を維持するのはむずかしく、サラリーマンなどを兼業する場合が多いです。

問

农民的年收入有多少？

農家の年収はどれくらいですか。

答

农民的年收入取决于是否能生产出商品价值高的农产品，年收入大致为数百万到数千万不等。一些实现组织化生产的农户也有年收入上亿的。

農業は商品価値の高い農作物を作れるかどうかで、年収は数百万から数千万円の差があります。組織化した生産によって億単位の売り上げを稼ぐ農家もあります。

問

在中国有城市户口和农村户口的区分，日本也有吗？ 要拿到东京等大城市的户口很难吧？

中国では戸籍は都市戸籍と農村戸籍と分かれていますが、日本も同じですか。東京など大都市の戸籍を取るのは難しいのでしょうか。

答

日本没有那样的制度，户口也是可以自由移动的，当然要拿大城市户口完全没有问题，只是有了城市户口并不等于对生活就很有利。此外，还可以将户口留在地方，将居住地迁到其他城市。

日本ではそうした制度がないので、どこに戸籍をつくるかは自由です。もちろん都市に戸籍をつくることは何の問題もありませんが、都市に戸籍があるからといってとくに生活が有利になることもありません。戸籍を地方に残したまま別の都市に居住地を移すこともまったく問題ありません。

28 弱势群体

社会的弱者

問

日本也有乞丐吗？

日本に乞食はいますか。

答

向人“讨饭”的乞丐现在在日本没有，但是有无家可归的人。

人にお恵みを乞う「乞食」という人は、現在の日本ではいません。しかし、ホームレスという人々がいます。

問

什么是“home less”？

ホームレスとはなんですか。

答

这是来自英语的词汇，是“无家可归”的意思，也有“路边生活者”的称呼。这些人是因美国和日本社会制度的矛盾而产生的。

これはアメリカから来たことばで、「住む家のない人」という意味で、「路上生活者」という言い方もあります。アメリカでも日本でも社会制度の矛盾によって生み出された人々です。

問

日本也有低保制度吗？

日本にも生活保障制度がありますか。

答

当然有。但要接受地方公共政府提供的生活保障，必须满足没有财产、或身体有残障等条件。

もちろんあります。地方公共団体から生活保障を受けるには、財産を持っていないとか、身体的な障害があるなどの条件が必要です。

問

日本的贫富悬殊大吗？

日本では貧富の格差が大きいですか。

答

日本的贫富悬殊没有南美、美国、中国和俄罗斯严重，不过近年来差距在拉大也是不可否认的事实。

日本の貧富の格差は、南米、アメリカ、中国、ロシアほど大きくはありません。しかし、近年格差が広がっていることは事実です。

29 公务员

公務員

問

公务员包括哪些职业？

公務員はどういった職業を含んでいるのですか。

答

公立学校的老师、警察、政府机构职员、国家以及地方政府经营的各类组织和团体的工作人员都属于公务员。也就是说，工资是由税金来支付的群体为公务员。

公立学校の先生、警察官、役所の職員など、国や地方自治体が運営するあらゆる組織・団体に働く人すべてが公務員です。つまり、給与の出所が税金である人です。

問

公务员在日本也是非常有人气的职业吗？ 公务员的收入比民间企业高吗？

公務員は日本でも人気の職業ですか。公務員の収入は民間企業より高いですか。

答

因为公务员的收入比较稳定，所以不景气的时候就会出现想当公务员的人增多的倾向。不过，公务员的工资并不一定就比一般企业高，发展不错的民间企业职员的待遇就非常好。而公务员虽说收入稳定，但如地区经济不景气税金收入降低，所在地区政府机构的工作人员就得在待遇较差的环境下为民服务。

公務員は収入が比較的安定しているということで、不況のときは公務員になりたいという人が増える傾向があります。給与が一般企業よりいいかどうかはいちがいには言えません。発展している民間企業ならば社員への待遇はいいし、一般に公務員ならば収入が安定しているとはいえ、地域的な不況に見舞われ税金収入の低い地方自治体では、職員がきびしい待遇の中で住民のために働いています。

30 医疗

医療

問

医疗费贵不贵？

医療費は高いですか。

答

只要在医疗保险的范围内，就只需要负担一部分费用，因此不算贵。但是，不属于保险范围的牙科医疗和尖端医疗的费用就很贵。

医療保険の範囲内であれば、一部負担なので高くありませんが、保険のきかない歯科医療や先進医療は高くなります。

問

怎么叫救护车？

救急車はどのように呼べばいいですか。

答

打 119 叫救护车。119 是消防厅，所以最初会问："是火灾还是救护？"。

電話で 119 にかけて呼びます。119 は消防庁なので、かけると最初に「火事ですか、救急ですか」と聞かれます。

問

叫救护车要付钱吗？

救急車を呼ぶと、お金がかかりますか。

答

不用付钱。

お金はかかりません。

問

要报警时怎么办？

通報したいときは、どうすればいいですか。

答

要举报暴力、强盗等犯罪行为时可打 110。深夜在住宅区大声吵闹等给周围添麻烦的行为也可打 110 报警。

暴力や窃盗など、犯罪と思われる事実について通報するときは 110 番にかけます。住宅街で深夜に大騒ぎをするなどの迷惑行為でも 110 番に通報することができます。

問

日本的医院都是国营的吗？

日本の病院はすべて国営ですか。

答

除大型综合医院是国立医院外，还有都道府县立和区立的医院。另外，也有民间的综合医院，和很多分门别类的个人经营的私人医院。

大きな総合病院は国立病院のほか、都道府県立や区立もあります。また民間の総合病院もあります。個人経営の病院は専門別にたくさんあります。

問

日本也有中医吗？

日本にも漢方医がいますか。

答

日本也有中医，一般被称为“汉方医”的中医是拿到药剂师执照的人，但他们只可以建议患者服用哪种药物，不能给予治疗。因为在日本中医也需要拥有日本的医师执照，才能行医。

日本にも漢方医はいますが、一般に「漢方医」と言っているのは、薬剤師の免許を持った人のことで、どんな薬を飲んだらいいかアドバイスはできますが、治療はできません。漢方でも治療を行う場合は、日本の医師免許が必要です。

問

看病可以预约吗？　挂号需不需要排队？

受診するために予約ができますか。並ぶ必要がありますか。

答

要接受 MRI 等检查时需要预约，除牙科以外几乎都不用预约，当天挂号。病人在挂号处挂号，大型综合医院有时需要等一个小时以上。

MRI などの検査は予約で行いますが、歯科以外、ほとんどは予約ではなく、当日受付です。患者は受付で番号札をもらう形式が多く、大きな総合病院では待ち時間が１時間以上かかるところもあります。

問

"人間ドック（ningen dok）"是指什么？

人間ドックとは何ですか。

答

是指住一天或数天院进行精密检查。"ドック（dok）"是船坞的意思，船坞是船舶进行全面修理的场所，"人間ドック（ningen dok）"是借此来比喻对身体进行综合健康检查。

１日から数日入院し、体の精密検査を行うことです。ドックとは船舶の全面的な修理を行う場所のことで、それになぞらえた言い方です。

31 保险

保険

問

公司会给职工买失业保险吗？

失業保険は会社が負担してくれますか。

答

失业保险正式名称是雇用保险，保险费由国家、公司以及职工三方分担，辞职或被解雇时，只要去所在地公共职业安定所办理相关手续就可领到失业金。但是，如果是自己主动辞掉工作时，最初三个月领不到失业金。而如果是被公司解雇或公司倒闭时，立刻就可领到失业金。只是不管属哪种情况，支付失业金的期间都在九十天到一年以内，并且在领取失业金期间也要求进行求职活动。

失業保険は正式には雇用保険と言い、保険料は国、会社の事業主、従業員の三者が分担します。そうした会社をやめたときや解雇されたときは、居住地の公共職業安定所（ハローワーク）に出向いて手続きを行い、受給します。ただし、自分から会社をやめた場合は、最初の３か月は支給されません。会社の都合や倒産などで解雇された場合は、すぐに支給され、いずれの場合でも支給期間が 90 日～１年以内とされ、支給期間も就職活動を行うことを求められます。

問

所有日本国民都能领到养老金吗？　养老金制度有城市和农村之分吗？

年金はすべての国民がもらえるのですか。年金制度は都市部と農村部とで違いますか。

答

养老金制度没有城市和农村之分，但是，如果不缴纳国民年金或厚生年金的保险金就领不到养老金。

年金制度は都市か農村かで違いはありません。国民年金あるいは厚生年金の保険料を支払っていなければ年金は支払われません。

問

医疗保险是公司负担还是自己买？

医療保険は会社が負担するのですか、それとも自分で買うのですか。

答

日本基本实现了“国民皆保险”，即所有国民都加入医疗保险（日语称为健康保险），公司职员的保险费由公司与本人折半缴纳。其他还有组合保险和船员保险等。没有加入以上保险的要加入国民健康保险，但这不是强制加入，只要交保险费，基本医疗费就只需付一部分，看病很便宜。但是也有一部分不属于保险范围的医疗，如牙科或癌症等尖端医疗需要患者全部自行负担，因此为了应对这种情况很多人加入民间保险公司的保险。

すべての国民が医療保険（健康保険）に加入する「国民皆保険」がほぼ実現している日本では、会社員の場合は保険料を事業主と本人とで折半して支払います。そのほか組合保険や船員保険などがあり、それらに入らない人は国民健康保険に加入します。これは強制ではありませんが、保険料を支払っていれば、基本的な医療費は一部負担となり、安価ですみます。ただし、保険の対象外になっている一部の歯科医療やガン治療などの先進医療は全額自己負担なので、そのときのために民間の保険会社の保険に入っている人は多いです。

32 学校制度

学校制度

問

义务教育制度是怎么回事？　学生的午餐费是不是由国家负担？

義務教育制度はどのようなものでしょうか。学校での給食は国が負担するのですか。

答

小学六年和初中三年一共九年属义务教育期间，公立中小学免费，但是，学校提供的午餐的费用和运动服等必要经费要由家长负担。

義務教育期間は、小学校６年間と中学校３年間の９年で、公立の小中学校は無償です。ただし、お昼ご飯の学校給食費や運動着など、必要経費は保護者が実費で払わなくてはなりません。

問

中小学使用全国统一的教科书吗？

小中学校では全国共通の教科書を使っているのですか。

答

全国的中小学都使用同样的教科书，这样的情况在日本没有。教科书是由民间数十家出版社编撰的，种类很多，但是必须通过文部科学省的鉴定才可以使用。

全国の子どもたちが一つの教科書で勉強しているということはありません。教科書は民間の出版社、数十社がつくっているので、種類はいくつもあります。ただし文部科学省の検定を通過しなければなりません。

問

国立、公立和私立学校有什么区别？

学校には国立、公立、私立という違いがありますか。

答

由国家的税金来运营的是国立学校，靠地方税来运营的是公立学校，靠学生缴纳的学费来运营的是私立学校。

国の税金で運営されているのが国立、地方税で運営されているのが公立、学生の授業料で運営されているのが私立です。

問

有没有全国统一的大学升学考试？　日本大学的学费贵不贵？

全国共通の大学入試がありますか。日本の大学の学費は高いですか。

答

有为报考国立和公立大学而设置的大学升学中心考试，属全国统一考试。但是，私立大学不一定需要参加中心考试，是否可以利用中心考试的成绩，如何利用都因大学而异。中心考试定在每年一月，为期两天，结束后各大学开始接受参加二次考试的报名。学费国、公立大学很便宜，而私立，特别是医科大学的学费相当昂贵。

国公立大学入学のための大学入試センター試験が、全国統一試験にあたります。私立大学の場合はセンター試験が必須ではないので、大学によって利用するかどうか、利用の仕方などが決められています。試験は１月の２日間で、センター試験受験後、各大学で行われる二次試験受験の出願を行います。学費は国公立であれば安いですが、私立、とくに医学大学の学費はかなり高いです。

33 学校生活

学校生活

問

所有的学校都有社团活动吗？ 每个学生都必须参加吗？

どの学校にもクラブ活動がありますか。学生たちは必ず参加しなければならないのですか。

答

从小学到大学有各种各样的社团活动，都属于课外活动，参加与否个人自由决定。

小学校から大学までさまざまなクラブ活動がありますが、いずれも課外活動なので、参加するかどうかは学生たち個人の意志です。

問

一般有哪些社团活动？

どんなクラブ活動があるのですか。

答

从小学到高中有篮球、足球、棒球、网球等体育方面的社团，英语、美术等文化方面的社团，还有生物学、科学、机器人等理科方面的社团。进入大学后除体育等方面的社团以外，还有漫画、单口相声、社会问题和政治经济问题等专业领域的研究会。

小学校から高校までは、バスケットボール、サッカー、野球、テニスなどのスポーツや、英語、美術などの文化系や生物、科学、ロボットなどの理系もあります。大学になるとスポーツなどのクラブのほか、マンガや落語、社会問題や政治経済問題など専門的な研究会があります。

問

大学生参加志愿者活动吗？

大学生たちはボランティア活動をしますか。

答

大学生的志愿者活动很多，有儿童教育、老人护理、残障者援助、灾区支援、环境保护等活动。一些大学还设有专门的协调员，向有志参加志愿者活动的学生提供咨询。

大学生のボランティア活動はたくさんあります。児童教育、老人介護、障害者支援、災害地支援、環境保護活動などがあります。大学によっては、ボランティアの意志のある学生の相談に応じるコーディネーターがいるところもあります。

問

参加志愿者活动对就业活动有利吗？

ボランティア活動をやると就職に有利になりますか。

答

企业是追求利益的组织，与志愿者活动的价值观有所不同，因此参加志愿者活动并不一定特别有利。

企業は利益追求組織なので、ボランティア活動とは価値観が違うため、とくに有利になることはないでしょう。

34 专门学校

専門学校

問

什么是“专门学校”？

専門学校とは？

答

专门学校是设有专修课程的学校，讲授电脑、医疗事务、语言、烹饪和理发美容等专业技能，一般学制两年。

専門学校とは専修課程を設けている学校で、コンピューター、医療事務、語学、調理、理容師など専門的技能を教えています。ふつうは２年間の課程です。

問

专门学校和短大有什么区别？

専門学校と短期大学とはどんな違いがありますか。

答

学制都是两年。专门学校以掌握职业技术为目标，可以学到实际业务方面的知识，毕业时可拿到“专业学士”。短期大学比专门学校一般教养方面的课程多一些，毕业时可以拿到“短期大学士”的学位。

いずれも２年間ですが、専門学校は職業技術を身につけることを目標としているので、実務を身につけることができ、卒業すると「専門士」となります。短期大学は専門学校より一般教養課目が多く、卒業すると「短期大学士」となります。

問

什么是“free school（自由学校）”？

フリースクールとは？

答

自由学校是接收因各种理由没能上中小学、高中的学生的非正规学校。

　フリースクールというのは、小中学校や高校でさまざまな理由で登校できなくなった児童や生徒を受け入れる非正規の学校です。

問

专门学校毕业好找工作吗？

　専門学校を卒業すると就職先は見つかりやすいですか。

答

专门学校的学生掌握了实际的专业技能，对就业应该是有利的。

　実践的な専門技能を身につけたと見られるので、就職には有利です。

問

在日本法官、检察官以及律师需要通过资格考试吗？

　日本では裁判官、検察官および弁護士になるには試験がありますか。

答

法官、检察官以及律师都必须通过司法考试。司法考试被认为是日本难度最大的考试，并且，必须有法科大学院（研究生院）毕业证才有资格参加司法考试。考试通过以后，还需作为司法见习生接受业务培训，然后参加第二次考试，考试合格后才可以成为法官、检察官以及律师。

　いずれも国家試験である司法試験に合格しなければなりません。この試験は日本で最もむずかしい試験だと言われていますが、受験には、法科大学院過程の修了という受験資格が必要です。司法試験に合格したのち、司法修習生となって訓練を受け、第二次試験を受けます。それに合格すると裁判官、検察官、弁護士になることができます。

35 就业情况

就職事情

問

“应届生录用”和“中途录用”有什么不同？

「新卒採用」と「中途採用」の違いは？

答

“应届生录用”是指结束大学等学校教育初次作为正式职员录用，企业方面在录用时会考虑希望就业者的工作意欲和发展前途。“中途录用”是指作为正式职员录用已有工作业绩的人，企业方面重视他们是否能成为即战力。

「新卒採用」とは大学などの学校教育を終えて初めて就職する人を正社員として採用することで、企業側は主に就職希望者のやる気や将来性などを考慮します。「中途採用」とは、すでに仕事上での実績を持っている人を正社員として採用することで、企業側は即戦力になるかどうかを重視します。

問

每年都有就业招聘会吗？

就職セミナーは毎年ありますか。

答

就业招聘会是由企业界、各行业或大学、职业安定所等主办，每年秋季到冬季在全国各地进行。

就職セミナーは、企業や業界、あるいは大学、職業安定所（ハローワーク）などが主催で毎年秋から冬にかけて全国各地でたくさん行われています。

問

大学会帮助学生进行就业活动吗？

大学は学生の就職活動を支援していますか。

答

现在日本所有的大学都有称为“キャリアサポートセンター（career support center）”的学生就业指导中心，给学生提供各类就业信息，举办企业联合招聘会，指导学生如何填写应聘报名表、应聘简历等，还进行模拟面试，指导学生如何闯过面试关。

日本のどの大学にも「キャリアサポートセンター」という名称の就職支援センターがあり、学生に就職情報を提供したり、企業の合同説明会を行ったり、エントリーシードや履歴書の書き方を指導したりし、面接の模擬試験を行って試験に通るよう指導します。

問

高中毕业、大学毕业、研究生毕业的初薪有多大差别？

高卒者・大卒者・大学院修了者の初任給はどのくらい違いますか。

答

据 2009 年厚生劳动省的统计，男女平均高中毕业生月薪 15 万 7800 万日元，短期大学毕业生 17 万 3200 日元，大学毕业生 19 万 8800 日元，研究生院硕士课程毕业生 22 万 8400 日元。

平成 21 年度の厚生労働省の統計によると、男女平均で高卒者は 15 万 7800 円、短大卒者で 17 万 3200 円、大卒者で 19 万 8800 円、大学院修士課程修了者で 22 万 8400 円となっています。

36 大学

大学

問

大学升学竞争非常激烈吧？　要想考上名牌大学是不是一定得上私塾等补习学校？

大学の入試は競争が厳しいですか。名門大学に入るには、塾に通わなければならないですか。

答

报考名牌大学的人很多，竞争非常激烈。但是近年来随着私立大学和地方公立大学的增多，只要不在乎大学的知名度，进大学变得很容易了。不过，因普通高中没有专设高考复习的课程，学生们一般还是要去私塾或补习学校学习。

有名大学は受験者も多いので競争率が高いですが、近年、私立や地方の公立大学が増え、大学を選ばなければ、合格は容易になりました。ふつう高校では受験のための授業がないので、たいていの学生は塾や予備校に通っています。

問

大学生都住校吗？

大学生はキャンパス内の学生宿舎に住むのですか。

答

有学生宿舍的大学很少，离家近的学生住在家里，外地来的学生在大学附近租房。

大学で学生寮を設けているところは少なく、ふつうは近ければ自宅から通い、地方から来た人は大学の近くのアパートを借ります。

問

大学毕业生的就业情况怎么样？　最有人气的职业是什么？

大卒者の就職状況はどうですか。もっとも人気のある就職先はどこですか。

答

笼统地说有大学毕业的学历就业的选择范围就会扩大，但是，就业状况的好坏要看当时的经济情况如何，不景气时大企业也会减少录用，造成大学毕业生就业难的情况，这样的时期被称为“就业冰河期”。有人气的职业是广告代理店、媒体、商社等大型企业。不过、现在年轻人价值观多元化，也有选择当工匠的。

おおざっぱに言って、大卒の学歴があるほうが、就職先の間口が広がると言えるでしょう。しかし、就職状況はそのときの経済状況によるので、不況のときは大手企業でも採用を控えますので、大卒者でもむずかしいことがあり、そういう時期を「就職氷河期」と言います。人気がある就職先は、広告代理店、マスコミ、商社などの大手企業でしょう。しかし、現在、若い人の価値観が多様化し、職人の道を選ぶ人もいます。

37 单位

会社

問

中国人经常跳槽，日本人也跳槽吗？

中国人はよく転職しますが、日本人も転職しますか。

答

在日本经常换工作的人被视为没有协调性，给予负面评价的倾向很强，所以，大多数人都希望在同一公司工作到退休。

日本では次々転職する人は、協調性のない人というマイナス評価をされる傾向が強いので、一つの会社で定年まで勤めたいと思っている人が多いです。

問

日本企业都是终身雇用吗？

日本企業はみな終身雇用ですか。

答

二战后的日本企业就好像社会主义国家一样，民间企业事实上也是终身雇用（不过只限男性）。但是，随着经济全球化，以往的终身雇用制度维持不下去了，开始转向重视个人能力，只是像美国那样丝毫不留情面的能力主义在日本还是难以实行。

戦後の日本企業は、まるで社会主義国家のように民間企業でも事実上の終身雇用を行っていました（ただし男性だけ）。しかし、経済のグローバル化に伴い、従来の終身雇用はできなくなり、能力主義が重視されるようになっています。ただ、アメリカのようなシビアな能力主義は、日本では行われていません。

問

公司的福利怎么样？　一般都有职工宿舍吗？

会社の福利厚生はいいですか。職員宿舎も完備されていますか。

答

大企业拥有职工食堂、宿舍以及在旅游胜地等有疗养设施，中小企业也组成共济组织，提供疗养设施等福利。此外，法律还规定为维护职工健康，公司及学校等单位有义务每年实施免费健康检查。

大手企業ならば社員食堂や社員住宅、観光地などに保養施設などを持っています。中小企業でも共済組織を組んで、保養施設などの福利厚生を実施しています。また、従業員の健康維持のため、会社や学校などの組織は毎年、無償の健康診断を実施することが法によって義務づけられています。

38 工作形态

働く形態

問

什么是“正社员”？

「正社員」とは何ですか。

答

正社员就是企业录用的正式职员，没有正当的理由是不能随意解雇的，一般可以工作到退休，享有雇用保险和厚生年金等福利待遇。

正社員は企業に採用された社員のことで、正当な理由がなければ解雇されることはなく、ふつう定年まで勤務でき、雇用保険や厚生年金などの福利も受けることができます。

問

什么是“派遣社员”？

「派遣社員」とは何ですか。

答

派遣社员是由人才派遣公司派来的工作人员，派遣期间从三个月到三年不等，工资由派遣公司发放，一般没有奖金。

派遣社員は、人材派遣会社から派遣される従業員のことで、3か月から3年の派遣期間があります。給与は派遣元から支払われ、ふつうボーナスはありません。

問

什么是“契约社员”？

「契約社員」とは何ですか。

答

所谓“契约社员”是直接与企业签订合同，在一定期间和正式职员一样从事工作，待遇因企业各异，一般“契约社员”都拥

有专业技术。

契約社員は企業と直接契約を結んで一定期間、社員同様に勤務する働き方です。待遇は企業によって異なり、専門的な技術を持っている人の場合が多いです。

問

什么是"ama kudari（天下り）"？

「天下り」とは何ですか。

答

"下凡"是指原任中央部委重要职位的公务员退休后到下辖的民间企业或机关等管理部门再就业，成为政府和企业串通一气的原因，"下凡"一词是对这种现象的批判。

「天下り」とは、中央省庁などで比較的重要なポストについていた公務員が定年後、管轄する民間企業や機関などの管理部門に再就職することで、官庁と企業との癒着の大きな原因として批判的に言われる表現です。

39 养老

老後

問

一般多大年龄退休？　有没有退休金？

定年はふつう何歳からですか。退職金はもらえますか。

答

几乎所有的企业不分男女都是六十岁退休，但是，近年来随着老年人的增多，相关劳动法规得以修改，退休延长到六十五岁，企业也在为六十岁以上职工的返聘而努力。退休金按工龄支付。

ほとんどの企業では男女とも60歳を定年としていますが、近年、高齢者層の増加に伴い、労働関連法規の改正があり、65歳が定年とされ、企業側も60歳以降の再雇用に努めています。退職金は勤続年数などに応じて支給されます。

問

退休以后在家养老还是进养老院？

定年後、家で過ごしますか、それとも老人ホームに入りますか。

答

一般大家都在住惯了的自己家里养老，所谓养老院之类的老人福利设施一般要到饮食和排泄不能自理时才利用，如有家里人看护很多人不进养老院，在自己家里度过最后人生。

ふつうは皆、住み慣れた自宅で過ごします。いわゆる老人ホームという老人福祉施設に入るのは、食事や排泄などが自分ではむずかしくなったころからで、家族の介護があれば、施設に入らず、自宅で最期を迎える人も少なくありません。

問

退休以后的日子怎么过呢？

退職後はどのように生活するのですか。

答

退休后才六十几岁，现在在日本还不算是“老人”，有劳动意欲的人或光靠养老金生活有些困难的人便重新就业，经济较为宽裕的人或将精力投入到兴趣爱好之中，或参加志愿者活动为社会做贡献。

定年後の 60 歳台は、現在の日本ではまだ「老人」というには若く、労働意欲のある人や、年金だけでは生活が困難な人は再就職し、余裕のある人は趣味に専念したり、社会のためのボランティア活動を行ったりしています。

問

日本是不是已经进入老龄社会了？

日本は高齢化社会ですか。

答

按人口结构来看，进入 1990 年以后，65 岁以上人口明显增加，零岁到二十岁年龄段人口减少，而四、五十岁年龄段人口较多，形成坛子状。到 2010 年 70 岁年龄段人口超过零岁至 15 岁年龄段人口，进入老龄化社会。据总务省统计局推测到 2050 年每 2.5 人就有一个是 65 岁以上的老人。

年齢別の構成を見ると、1990 年ごろから明らかに 65 歳以上が増え、0 歳～ 20 歳台が減り、40 歳台、50 歳台が多いという壺のような形になっています。2010 年は 0 ～ 15 歳より 70 歳台のほうが多いという高齢化社会になりました。2050 年には、2.5 人に 1 人が 65 歳以上になると予測されています。（総務省統計局統計に基づく）

40 公民馆等的兴趣班活动
公民館などのサークル活動

問

公民馆是什么样的设施？　有什么服务内容？

公民館とはどういう施設で、何をやるところですか。

答

公民馆属地方政府的设施，用于社区居民的社会教育。公民馆的房间供居民自主性文化活动使用，有时也举办地方政府主办的外语讲座等文化讲座。

公民館は地方自治体の施設で、地域住民の社会教育のために使われます。公民館の部屋は住民による自主的な文化活動のために提供され、自治体主催の語学講座など文化講座も催されます。

問

日本的兴趣班活动非常活跃吧。

日本ではサークル活動が盛んですね。

答

每个人的兴趣爱好千差万别，很多人利用余暇时间组织兴趣班儿，结伴儿活动。比如说，有做早操、织毛衣、刺绣等的兴趣班儿，还有俳句、交际舞等的兴趣班儿，数不胜数。

個人の趣味は千差万別ですが、余暇の活動はサークルを組織し、仲間をつくって行うことが多いです。たとえば、早朝のラジオ体操を始め、編み物や刺繍のような趣味もグループで行い、俳句の会や社交ダンスのグループは数えきれません。

問

孩子们在校外参加各种特长班吗？

子どもたちは学校以外の場で習い事をしますか。

答

社会上有各种各样的特长班，英语、芭蕾、游泳、钢琴、交际舞、小提琴、高尔夫、滑冰、书法、足球、剑道、空手道等等。如父母有支付学费的经济能力，孩子本人也愿意学的话，有很多特长班可供选择。

街にはいろいろな教室があります。英語、バレエ、スイミング、ピアノ、社交ダンス、バイオリン、ゴルフ、アイススケート、習字、サッカー、剣道、空手……。親に授業料を払う財力があり、子ども本人がやりたいと思うならば、習い事はたくさんあります。

41 交际

人付き合い

問

日本人常常请朋友来家里作客吗？

日本人はよく友人を家に招きますか。

答

因人而异，不过不像中国人那么随意请朋友到家里玩儿。一般认为在家里请客是特意款待。

人によって違いますが、中国人ほど気軽に人を家に招かないでしょう。お客さんを自宅に招くのは特別なことと考える人が多いでしょう。

問

上班族下班后常去喝酒吗？

サラリーマンは帰りによくお酒を飲むのですか。

答

下班后喝一杯再回家的人很多，也有很多便宜的站着喝酒的小酒馆儿和居酒屋（传统日式酒店）供他们利用。另外，有时也会以交往为名，与单位的同事、上司以及有工作关系的人士喝酒畅谈加深交流。

仕事帰りにちょっと一杯、という人は多いです。そういう人のために安価な立ち飲み店や居酒屋がたくさんあります。また、つきあいという名目で、職場の同僚や上司、仕事関係の人と酒を飲みながら交流を深めることもよくあります。

問

什么是“女子会”？

「女子会」とは何ですか。

答

“女子会”就是只有女性参加的聚会，通过喝酒美食，来排除精神压力。

女性だけで集まる会のことで、お酒を飲んだりおいしい料理を食べたりしながら、ストレスを発散します。

問

日本人一起吃饭、喝酒为什么都 AA 制呢？

日本人は食事会や飲み会でどうしていつもワリカンなのですか。

答

在日本原则上上司和长辈应该请下面的人，所以，处于同等关系的同事、朋友一起喝酒吃饭没有上下关系，一般就采取 AA 制。

日本では、上司や年長者など上に立つ人が、下に立つ人をごちそうするというのが基本的な原則です。同じ立場の同僚や友人と飲食をするときは、上下関係がないので、ワリカンがふつうです。

問

请客人来家里吃饭，一般会做些家常菜来款待客人吗？

お客さんを家に招いたとき、家庭料理を作りますか。

答

过去日本人的想法是平常在家粗茶淡饭，来客时上等佳肴相待，因此，一旦家有来客就要从当地餐厅叫最好的寿司和鳗鱼等特别菜肴予以款待。不过，如今家庭菜丰盛了，也会用自己家里的拿手菜款待客人了。

日本の昔からの考え方で、家庭で食べる料理は粗末なものなので、お客様には最上級のもてなしをしなければならないとされ、人が家に来たときには地元の料理店から寿司や鰻重など、特別の料理を取り寄せます。ただ、最近は家庭でもごちそうを作るようになり、お客様にも家庭の自慢料理を出したりするようになりました。

42 女性与婚姻

女性と結婚

問

年轻人怎么谈恋爱呢？　约会时由男士付钱吗？

若者の恋愛事情は？　デート代は男性が払いますか。

答

男女相遇结婚情况各式各样，大学、公司、兴趣班儿等等都是男女邂逅的场所。最近流行为寻求相识机遇朋友之间举行男女同样人数的联欢会。约会时的费用最近好像都是 AA 制。

結婚につながる男女の出会いはさまざまで、大学、職場、趣味のサークルなどありますが、友人関係で男女同数で集まる合同コンパ（合コン）という最近の習慣があります。デートの費用は、最近ではほとんどワリカンです。

問

结婚后女性要随丈夫姓吗？

結婚後女性は夫の姓を名乗るのですか。

答

虽然民法规定结婚后的姓氏由夫妇间商量决定，但是按古来的习惯大多是妻随夫姓。类似于中国虽夫妻别姓但儿女一般随父姓一样。

民法では、結婚後の姓は夫婦の話し合いでどちらかに決めるとされていますが、従来の習慣に従って、妻が夫の姓に改めるケースのほうが多いです。それは、本来、夫婦別姓の中国で、生まれた子どものほとんどが父の姓を名乗ることと似ています。

問

日本女性结婚以后都做全职太太吗？

日本の女性は結婚したら専業主婦になるのですか。

答

现在在日本结婚以后也继续做全职工作的女性很多。明治维新以来,“男人工作,女人持家”的封建儒教思想就彻底深入人心,二战后职场上女性也同样是“不被需要的群体”,周围的社会压力让人感到无论女性多么有能力,结婚以后就得做全职太太。但是,1986 年“男女雇用机会均等法”成立,从法律上禁止在就业、待遇和晋升方面歧视妇女。当然,与有钱男士结婚,自愿做轻松的全职太太的年轻女性仍然大有人在。

現在の日本では結婚後もフルタイムで働く女性が多いですが、明治以来、「男が働き、女が家庭を守る」という封建的儒教思想が徹底され、戦後になっても職場で女は「不要なもの」とされ、どんなに能力があっても女性には結婚して専業主婦になるよう、まわりから圧力をかけられてきました。しかし、1986 年に成立した「男女雇用機会均等法」により、就職、待遇、昇進に関して女性だからという理由で差別されることが法的に禁止されました。もっとも、お金持ちの男性と結婚して、楽な専業主婦になりたいという若い女性もけっこういます。

43 结婚典礼

結婚式

問

日本人一般在什么地方举行婚礼？

日本人はふつうどんなところで結婚式をあげますか。

答

绝大多数人在酒店举行婚礼。因在婚礼上宣誓永远相爱需要宗教形式，因此酒店备有基督教、天主教以及神道的仪式，与信仰与否无关，选择基督教和天主教形式的人较多，选择日本传统的神前婚礼形式的人相对较少。

式場で多く利用されるのはホテルです。式では「永遠の愛」を誓うための宗教形式が必要ですが、ホテルではキリスト教、神道の儀式を用意しています。信仰しているかどうかは別として、キリスト教形式を選ぶ人が多く、伝統的な神前結婚も少なくありません。

問

什么是“披露宴”？

「披露宴」とは何ですか。

答

“披露宴”就是婚宴。结婚典礼是新郎新娘及亲属参加的仪式，婚宴则是邀请亲朋好友以及有工作关系的人士参加的宴会。参加婚宴的人要带上红包，新郎新娘会准备酒宴和纪念品款待来宾。新娘要轮流穿上西洋婚纱以及和服的白无垢新娘妆，并与新郎一同表演切婚礼蛋糕等等。

結婚式は新郎新婦とその家族だけで行う儀式なので、友人や仕事関係の人を招いて行う宴会が披露宴です。披露宴の出席者はお祝い金を持参し、新郎新婦側はごちそうを用意し、記念品を出席者にプレゼントします。新婦はウエディングドレスや和服の花嫁衣装などに着替え、新郎とともにウエディングケーキにナイフを入れるなど、いろんな儀式をやって見せてくれます。

問

一般都要去新婚旅行吗？

ふつう新婚旅行に行きますか。

答

几乎都去。现在很多人去国外新婚旅行。

ほとんどの人は新婚旅行に行きます。現在は海外旅行が多いです。

44 最近的女性

最近の女性たち

問

"草食男"和"肉食女"是怎么回事？

「草食男子」「肉食女子」とはどういうことですか。

答

日本很长时间盛行大男子主义，男性掌握社会和家庭的主导权，但如今随着个人的自由和男女平等意识深化，年轻男性变得温和，有些男人甚至变得消极、没有自主性，听从女人使唤。草食男就是将这类男人形容成草食动物的流行语，相反处事积极主动追求意中男友的女性被称为肉食女。

日本は長い間、亭主関白などと言って、男性が会社や家庭で主導権を握ってきました。しかし、個人の自由や男女平等が進んだ現在、若い男性たちは優しくなり、なかには消極的で自主性がなく、彼女の言いなりになる男性も出てきました。そういう人を草食動物にたとえて草食男子という流行語ができました。反対に、物事に積極的で自分から彼氏を探すタイプの女性を肉食女子と言っています。

問

什么是"历女"？

「歴女」とは何ですか。

答

所谓“历女”就是喜欢历史的女性。过去喜欢历史大都是中老年男性，而最近年轻女性增多，她们把战国时代的武将和幕府末期的志士当作明星来崇拜，享乐历史。

「歴女」とは、歴史が好きな女性のことです。歴史好きというと、以前は中高年男性が多かったのですが、最近は若い女性たちにも歴史ファンが増え、戦国時代の武将や幕末の志士などをスターのように受け止めて、歴史を楽しんでいます。

問

什么是“mori girl”？

「森ガール」とは何ですか。

答

所谓“森女”是评论某些女性就好像“森林里面的女孩儿”而得名的流行语，据说她们喜好穿少女般的时装，热爱自然，携带物品和服装多为自然材料制成，拥有一个自我世界... 其实，人们无法确切地解释什么是“森女”，只是拥有这种氛围的女性不少。

森ガールは「森にいそうな女の子」というある種の評価から言われるようになった流行語で、ファッションの趣味が少女っぽく、自然志向で持ち物や服も自然素材を好み、自分だけの世界を持っている……と言われていますが、明確に説明することができません。ただ、そういう雰囲気の女性は少なくありません。

45 家庭制度

家族制度

問

一般由长子继承家业吗？

ふつう家業は長男に譲るのですか。

答

长子继承家产和家业，女儿出嫁，次子及下面的儿子离家独立是日本的传统，不过现在随着社会结构的变化，各家情况不同，家业继承形态也多种多样。

日本には家産や家業は長男が継承し、娘は他家に嫁ぎ、次男以下は家を出て自立するという伝統がありましたが、社会構造が変わった現在、個人の状況によってさまざまです。

問

遗产是不是儿女平分？

遺産は子どもたち平等に分けるのですか。

答

如果留有按民法规定的遗嘱的话，便按遗嘱分配遗产，否则根据民法规定配偶者继承三分之二，剩下的三分之一由儿女平分。

遺産は、民法の規定にのっとった遺言状があれば、遺言に従って財産が継承されますが、そうでない場合は、民法により、配偶者が3分の2、残り3分の1を子どもたちが均等に継承することになります。

問

遗产继承税高不高？

相続税は重いですか。

答

遗产继承税很高。特别是继承地价高的土地，往往因交不起巨额的继承税而将土地卖给不动产开发商，或将土地作为现金上

缴。相反如果留下的是贷款可以放弃继承权，不继承父母的债务。

相続税は重いです。地価が高いところの土地を相続した人のほとんどは、莫大な相続税が払えず、土地を不動産業者に売ったり、現金の代わりに土地を物納したりしています。反対に、借金があった場合は相続権を放棄して、親の債務を継承しないですみます。

46 家庭中的男性

家庭の中の男性

問

家里的财政大权是丈夫掌握还是妻子掌握？

家庭の財布を握るのはご主人ですか、それとも奥さんですか。

答

各家不同吧。妻子是家庭主妇的话，一般妻子作为家里的“财政大臣”管理家计。

家庭によって違いますが、奥さんが専業主婦の場合、家計は奥さんが「大蔵大臣」として管理していることが多いです。

問

听说日本男人一般不做家务，是吗？

日本の男性は家事をしないそうですが、本当ですか。

答

过去有“男人不许入厨”的说法，即使是双职工也是妻子负责料理所有家务，不过，现在妻子即使是家庭主妇丈夫也帮着做家务事的家庭越来越多了。

かつては「男子厨房に入るべからず」と言われ、夫婦共働きでも夫は妻に家事をすべて任せていましたが、いまは妻が専業主婦でも夫は家事に協力する家庭が増えています。

問

听说日本男人经常加班，大概几点能够回家？ 晚饭在家里吃吗？

日本の男性は残業が多いそうですが、だいたい何時くらい帰宅するのですか。夕飯は家で食べますか。

答

不光是男性，做全职工作的人加班是理所当然的，晚上九点以后回家也是司空见惯的事。这种时候一般在外面已经吃过一点儿，回家后只简单地吃点儿茶泡饭什么的。

男性に限らず、フルタイムで働いている場合、残業は当たり前で、帰宅時間が午後9時以降ということもめずらしくありません。そういう場合、一度外食した後、自宅でお茶漬けのような簡単な食事をとったりします。

問

男人也可以休育儿假，是真的吗？

男性も育児休暇とれるって、本当ですか。

答

根据劳动者福祉相关法律规定，不分男女都可休育儿假。其间作为工资可以领到“给付金”。

労働者福祉関連の法律に基づき、男女を問わず育児のための休暇をとることができます。その期間は、給与の代わりに給付金を受けることができます。

47 育儿

子育て

問

日本出生率下降，是不是年轻人都不想生小孩儿？

日本の出生率が下がっているのは、若者が子どもを産みたがらないからでしょうか。

答

最近不结婚的人很多，即使结了婚为享受自己的人生而不愿要孩子的人也有，还有一些人是因为养孩子的话需要教育费，再加上保育园不足，想要孩子也要不了。

最近は結婚自体しない人も多く、結婚しても自分たちの人生を楽しむために、子どもは持たないという人もいます。子どもを持つと教育費にお金がかかるし、保育園が不足しているなどの理由があって、持ちたくても持てないという人も少なくありません。

問

“iku men”是什么意思？

「イクメン」とは何ですか。

答

“育儿男”是指主动带孩子的年轻爸爸。在日本孩子出生以后育儿负担几乎都由妻子承担，但现在男性也可以请育儿假，更便于丈夫参与了。只是实际上休育儿假的男性还不多，为了让更多男性参与育儿，创造出了模仿“酷男”这一流行语的“育儿男”这个流行词汇，以传播男人育儿很酷的印象。

「イクメン」とは育児を積極的に行う若いパパのことです。日本では赤ちゃんが生まれると育児をするのはほとんど女性の負担になっていますが、男性も育児休暇がとれるようになって、夫が育児に参加しやすくなりました。ただ、実際に育児休暇をとる男性はまだ少ないので、もっと多くの男性に育児に参加してもらえるよう、かっこいい男性を意味する流行語「イケメン」にならって、「イクメン」ということばが作られ、育児をする男性はかっこいいというイメージを広めています。

問

父母会帮着带小孩儿吗？

両親に子育てを手伝ってもらえますか。

答

在日本一般认为带孩子是夫妇两人的事，夫妇双方都工作时可以送保育园或幼儿园，尽量不依靠父母。

日本では一般的に子育ては夫婦で行うものと考えられているので、夫婦で働いているときなどは保育園や幼稚園などに預けたりし、なるべく親に頼らないようにしています。

問

带小孩一般会请保姆吗？

子育て中はお手伝いさんを雇ったりしますか。

答

请保姆费用很贵，一般人请不起。

いわゆるベビーシッターを雇うには高額なお金がかかるので、一般の人は雇いません。

48 离婚

離婚

問

离婚的人多吗？

離婚する人は多いですか。

答

过去认为离婚是丢人的事，不走到最后一步是不会离婚的。如

今，人生的选择范围扩大了，这种价值观也渐渐淡漠，离婚的人越来越多了。

昔、離婚は恥と考えられていた時代は、よほどのことがないと離婚はしませんでしたが、人生の選択肢が広がった現在、そうした価値観は薄れ、離婚する人も増えました。

問

离婚很简单吗？

離婚は簡単ですか。

答

按法律规定，只需要双方在政府机关发的离婚登记表上签名盖章后提交即可，但是财产分配、儿女的抚养以及感情问题要达成妥协还是很难的。双方协议不能达成一致时，也有通过家庭法院调停处理的情况。

法律上は、役所が発行する離婚届けに二人のサインと印鑑を押して提出するだけですが、財産や子どもの養育、感情問題で妥協するのはとてもむずかしいです。二人の話し合いがつかなければ、家庭裁判所に行って調停してもらうこともできます。

問

离婚后随丈夫姓的妻子会改回原来的姓氏吗？

離婚後、夫の姓になっていた女の人は以前の姓に変わるのですか。

答

有些人在户口上改回原来的姓氏，有些人照样用婚后的姓氏，改与否完全是个人的自由。

戸籍上、結婚前の姓にもどす人もいますが、結婚後の姓のままの人もいます。それは自由です。

49 同性恋

同性愛

問

在日本同性恋违法吗？

日本では同性愛は違法ですか。

答

同性恋属个人自由，不违法。

個人の自由なので法律に抵触するようなことはありません。

問

同性恋者可以结婚吗？

同性愛者は結婚できますか。

答

按法律规定不能结婚。

法律上の婚姻はできません。

問

什么是"gay bar"？

「ゲイバー」とは何ですか。

答

是由同性恋者提供服务的酒吧，有些还有舞台表演等相当于夜总会。

ゲイバーは、ゲイの人たちが接待するバーで、ステージショーなどがあるクラブのようなところもあります。

50 日常寒暄语

日常のあいさつ

問

最常用的寒暄语有哪些？

日常どんなあいさつをかわしますか。

答

对谁都可以用的寒暄语根据时间有所不同。上午可以说“o hayo（早上好）”、“o hayo gozaimasu（早上好）” 下午说“konnitiwa（你好）”、黄昏以后说“konbanwa（晚上好）”。

誰にでも使えるあいさつは、時間帯によって違います。午前中は「おはよう」「おはようございます」、午後は「こんにちは」、日没後は「こんばんは」と言います。

問

工作单位的寒暄语怎么说呢？

仕事の場ではどんなふうに言いますか。

答

早上上班时互相说“ohayo（早上好）”、“o hayo gozaimasu（早上好）”，下班时对还在继续工作的同事表示歉意说：“o saki ni shitsurei shimasu（我先走了）”，对方则回答说：“o tsukare sama（辛苦了）”。

朝、出社したときはお互いに「おはよう」「おはようございます」と言い、退勤するときは、まだ働いている人を気遣って「お先に失礼します」と言い、言われた人は「お疲れ様」と言います。

問

初次见面有什么礼节？

初対面のときはどういうあいさつをしたらいいですか。

答

一般要说：“hajime masite（初次见面）”，接下去说：“dozo yoroshiku o negai shimasu（请多关照）”。

ふつうは「はじめまして」と言い、続けて「どうぞよろしくお願いします」と言います。

問

交换名片时需要注意什么？

名刺交換をするときどういうことに気をつけますか。

答

交换名片时要微微低头双手递上自己的名片，然后双手接过对方递出的名片说：“chodai itashimasu（我收下了）”，不要马上将对方的名片收起来，而应阅读确认后放在桌上直到谈话结束，这是礼节。

名刺交換のときは、軽く頭を下げながら自分の名刺を両手で持って、下のほうから相手に差し出し、相手が差し出した名刺は「ちょうだいいたします」と言いながら、両手で受け取り、すぐにしまわずに、よく見たうえで会話のあいだ机の上に置いておくのが礼儀です。

51 访问家庭

家庭訪問

問

去日本人家里作客必须带礼物吗？

日本の家庭を訪問するときお土産を持っていかなければいけないのですか。

答

去别人家里作客一般带一点儿吃的或鲜花，只是表达一下心意，不必花太多费用。如果客人带去的是点心或酒的话，有时还会拿来招待客人自己，这时候主人会说："这是您带来的…"，意思是"让您带来的东西"留下来自己享用于心不忍，因此主客一起品尝。

家庭を訪問するときは、ふつう食べ物や花束などのお土産を持っていきます。これは心遣いなので高額である必要はありません。お菓子やお酒などを持っていった場合、家の人がお客さんのあなたにそれを出してくれることがあります。そのとき主人は「お持たせですが……」と言います。つまり「あなたに持たせてしまった品物」という意味で、自分たちだけで楽しんでは申し訳ないという気持から、一緒に味わうのです。

問

所有的日本家庭都必须脱鞋吗？

どこの家でも靴を脱ぐのですか。

答

一般都不能穿着鞋子进屋，必须脱鞋。如果可以不脱鞋进去，一般家里人会告诉你"就请穿着鞋进去吧"。

一般家庭で靴のまま上がるところはありませんので、必ず靴を脱いで上がります。もし靴をはいまま上がってもいい家があれば、その家の人はきっと「どうぞ靴のままで」と言うでしょう。

問

如果是榻榻米的房间，必须要正坐吗？

畳の部屋に通されたら正座しなければならないですか。

答

在榻榻米的房间为客人备有座垫，但是客人需等主人请坐，才能在座垫上正坐。不过，最近日本人也不太习惯正坐，主人看客人坐得很难受会说："请随便坐吧"，这时候就可以以较为舒服的姿势坐下，但是女性最好不要盘腿。

お客さんのために畳の部屋では座布団が用意されますが、客はいったんその上に座らず、主人から座布団を勧められ初めてその上に正座することになっています。しかし、最近の日本人でも正座をあまりしなくなったくらいですから、つらそうにしていれば、主人がきっと「どうぞお楽に」と言うので、楽な姿勢で座りましょう。ただし、女性はあぐらをかかないほうがいいです。

52 宠物

ペット事情

問

日本人喜欢什么品种的狗和猫？

日本人はどんな犬や猫が好きですか。

答

养狗跟住宅状况有关，住公寓等集体住宅养奇瓦瓦和波美拉尼亚之类小狗的较多，有大宅院的人养中型犬和大型犬的人较多。养猫就不受住宅条件限制，可以养各种各样的自己喜欢的品种。人气品种因时代而异，最近卷毛小狗、日本小犬和马耳他犬，美国短毛猫、阿比西尼亚猫和俄国蓝猫很有人气。

犬の場合は住宅事情に関わってきます。マンションなど集合住宅に住んでいる人は、チワワやポメラニアンのような小型犬を飼うことが多く、広い庭を持っている人は中型から大型犬を飼うことが多いでしょう。猫はそうした条件に左右されないので、好き好きでさまざまな猫を飼っています。人気のある種類は時代によって変わりますが、最近では、犬ではトイプードル、柴犬、マルチーズなど、猫ではアメリカンショートヘア、アビシニアン、ロシアンブルーなどに人気があります。

問

养宠物需要办手续吗？

犬や猫を飼うのに行政の許可は必要ですか。

答

为了预防狂犬病，养狗需要在当地行政机关登记，并且每年必须给狗打一次预防针，这时需要付登记费和注射费。养猫不需办理任何手续。

犬は狂犬病予防のため、地方自治体に登録し、年に１回、犬に予防注射を打たなければなりません。その際には登録料金や注射料金がかかります。猫には何もありません。

問

哪儿都可以养宠物吗？

どこでもペットを飼うことができますか。

答

如在禁止饲养猫狗等宠物的集体住宅区、公寓或租赁公寓等居住时不能饲养，其他情况可以饲养。

団地、マンション、アパートなど集合住宅で、犬や猫などのペットを飼うことを禁止しているところでは飼うことができませんが、それ以外はどこでも飼うことができます。

問

餐饮店可以带宠物进去吗？

飲食店にペットを連れて入れますか。

答

餐饮店出于卫生方面考虑，除导盲犬以外不允许带宠物入内。但是，近来有极少数店铺允许宠物入内，还有一些备有猫狗食物的餐厅，以及可供猫玩耍的猫咖啡馆。

飲食店では衛生上、盲導犬以外、ペットの入店は断られます。しかし、最近ではごく少数ですが、ペット入店ＯＫの店もあり、犬や猫のためのメニューを用意するレストランもあります。猫ちゃんと遊ぶための猫カフェもあります。

問

宠物死后如何处理？

ペットの犬や猫が死んだらどうするのですか。

答

自己家有土地的话可以埋在自家地里，没有土地的人得向当地行政部门申请，作为“垃圾”处理，但是将宠物视为家人的饲养者是不忍心这样处理的。不过，寺庙有供养和火葬宠物的地方，另外也有专门为宠物举行葬礼和埋葬的公司。

広い土地を持っている人ならば、自分の敷地内に埋葬することができますが、それができない人は、地方自治体に申し込み、「ゴミ」として処理することができます。しかし、家族同然に大事にしてきた飼い主に、そんなことはできません。お寺にはペットの供養と火葬をやってくれるところもあります。また、ペットの葬儀、埋葬を専門に行う業者もあります。

53 日本的礼仪

日本の礼儀

問

日本人非常讲礼貌，是因为家教好吗？

日本人は大変礼儀正しい。家庭での教育が良いからでしょうか。

答

讲礼貌一般属于家庭教育，因此没有礼貌或不懂规矩就会被人说："怎么这么没有教养，真想看看家长得是什么样。"

礼儀はふつう、家庭で教えられます。従って、礼儀やマナーが身についていないと、「どういう家庭で育ったのか、親の顔が見たい」などと言われます。

問

日本人为什么常常鞠躬？

日本人はどうしてよくおじきをするのですか。

答

鞠躬是日本自古以来的传统，低头表示对对方的敬意。过去低头至上半身倾斜 90 度，一直等对方扬起头来是正式的礼节，现在鞠躬一般是 15 度到 45 度。90 度的深鞠躬是在给对方带来损害或添了麻烦以示歉意时才做。

おじぎは日本古来の伝統で、頭を下げることで相手への敬意を表します。昔は、90 度の角度で上半身をまげて頭を下げ、相手が顔を上げるまで下げ続けるのが正式な礼儀でした。現在では正式には 15 度から 45 度がふつうです。90 度に下げるのは、相手に多大なる損害や迷惑を与え、詫びの意を表するときです。

54 武士道

武士道

問

什么是武士道？

武士道とは何でしょうか。

答

武士道是指封建时代武士阶层的道德观念，与欧洲的骑士道有相通之处。武士道是以儒教思想为基础，重忠义、礼仪、名誉以及勤俭节约的人生哲学。日本人的心目中“羞耻”观很强，可能相当于中国人的讲面子吧。

封建時代の武士階級における道徳観念のことです。ちょうどヨーロッパにおける騎士道に通じるもので、儒教思想に基づき、忠義、礼儀、名誉、質素倹約などを尊ぶ人生哲学です。とくに「恥」という観念が強く日本人の心に生きています。それは、中国語での面子にあたるでしょう。

55 历史人物

歴史上の人物

問

日本人最喜欢的历史人物是谁？

日本人がもっとも好きな歴史上の人物は誰でしょうか。

答

很难说最喜欢谁，不过作为圣人君子一直享有很高人气的是圣德太子。另外，作为武士的先驱者平清盛，战国时代的织田信长、丰臣秀吉、德川家康可以说是历史迷们倾心的“三大人物”。

最も人気のある人物を決めるのはむずかしいですが、聖人君子として不動の人気があるのは聖徳太子です。武士階級の先駆者としての平清盛をはじめ、戦国時代の織田信長、豊臣秀吉、徳川家康は歴史ファンの「御三家」です。

問

一万日元上的人物像是谁？

一万円札の人物像は誰ですか。

答

是福泽谕吉。福泽是为明治的近代化做出杰出贡献的思想家和教育家，他写有主张所有的人都应该接受教育的《劝学篇》，主张文化西欧化的《脱亚论》等名著。

福沢諭吉です。明治の近代化に貢献した思想家、教育家で、人はすべて教育を受けるべきだと主張した『学問のすゝめ』、文化の西欧化を説いた『脱亜論』などの著作が有名です。

問

五千日元上的人物像是谁？

五千円札の人物像は誰ですか。

答

是樋口一也。明治时代的女作家，所著《青梅竹马》、《十三夜》等作品受到当时著名作家们的盛赞。但因生活贫困，24 岁死于结核。不过一叶的作品至今仍受到人们的喜爱。

樋口一葉です。明治時代の女流作家で、『たけくらべ』『十三夜』など作品で、当時の著名な作家たちから絶賛されましたが、生活は貧しく、結核で 24 歳で亡くなりました。一葉の作品は現在も人々に愛されています。

問

一千日元上的人物像是谁？

千円札の人物像は誰ですか。

答

是野口英世。他是生活在明治到昭和初期的医生，细菌学专家。出生于福岛县的农民家庭，小时候因烫伤而立志当医生。作为美国洛克菲勒医学研究所的研究员在美国研究黄热病时，自己也感染上病菌而死亡。

野口英世です。明治から昭和初期にかけて生きた医師で、細菌学が専門でした。福島県の農家に生まれ、子どものころやけどを負ったことから医師を目指します。アメリカのロックフェラー医学研究所の研究員としてアフリカで黄熱病の研究に取り組んでいるとき、自らも感染して亡くなりました。

56 传统文娱

伝統芸能

問

歌舞伎是不是相当于中国的京剧？　狂言是什么？　能乐又是什么？

歌舞伎は中国の京劇みたいなものですか。狂言とは何ですか。能とはどのようなものですか。

答

歌舞伎和京剧的相同之处就是都是老百姓的戏剧，能乐却不同，它不是娱乐，可以说是一种富有哲学性的表演艺术。战国时代以来，得到舍命战斗的武士阶层的喜爱。狂言是穿插在能乐幕间的短小的滑稽剧。

庶民のための芸能として歌舞伎と京劇とは共通しています。能はまったく別で、娯楽ではなく、哲学とも言えるパフォーマンスです。戦国時代以来、命をかけて闘う武士階級の間で愛好されました。狂言は能の演目の間に演じられる短い笑い話のお芝居です。

問

“人间国宝”是什么？

「人間国宝」とは何ですか。

答

对重要文化遗产国家指定为国宝，而对传统音乐、戏剧以及工艺技术等无形文化的创造者则誉为“人间国宝”。比如，制作陶器和织物等工艺品的手艺人、歌舞伎以及能乐的演员、雅乐等传统音乐的演奏者等。

国家指定の重要文化財を表す国宝に対し、伝統音楽や演劇、工芸技術など無形の文化を創出する人のことを「人間国宝」と言います。たとえば陶芸や織物などの工芸品をつくる職人、歌舞伎や能などの俳優、雅楽など伝統音楽の演奏者などです。

問

“家元”是怎么回事？

「家元」とはどういうものですか。

答

家元是技艺文化的权威，茶道、花道以及日本舞蹈和民族音乐等都有家元。家元是将技艺推向巅峰的人物，一般是世袭。家元收很多弟子，传授和传播技艺。茶道有里千家、表千家等代表流派的家元，都是源于十六世纪创建茶道的千利休。花道有池坊和小笠原等流派的家元。

家元は芸事の文化的権威で、茶道、華道のほか日本舞踊や邦楽などにも家元があります。家元となる人はその芸道を極めた人で、ふつうは世襲です。家元は多くの弟子をとり、芸事を教え、芸を広めます。茶道には裏千家、表千家という代表的な流派の家元がありますが、これは 16 世紀、茶道を大成させた千利休がルーツです。華道では池坊、小笠原流などの流派に家元があります。

57 茶道・花道

茶道と華道

問

日本的茶道是怎么回事？

日本の茶道とはどのようなものですか。

答

据说茶是与禅宗一同传到日本的。当时作为药传来了抹茶，由于是与尊重精神性的禅宗一同传来的，饮茶便发展成为注重仪式美的茶道这一综合艺术了。茶道不光是饮茶，还要欣赏挂轴和插花，在茶室要摆脱除了主客以外的所有世俗身份，作为同等的人进行对话。

お茶は中国から禅宗とともに伝えられたと言われています。そのときは薬として抹茶がもたらされたそうです。精神性を尊ぶ禅宗と共に伝えられ、飲茶は様式美を尊ぶ茶道という総合芸術に発展しました。茶道ではお茶を飲むばかりでなく、掛け軸や生け花を鑑賞し、茶室では、招待した人と、された人という関係以外、俗世での身分を捨てて、同じ人間同士として話をしなければなりません。

問

日式点心为什么那么漂亮？

和菓子はどうしてあんなにきれいなのですか。

答

日式点心本来是茶道饮茶前吃的，非常注重仪式美的茶道自然要求点心也必须具有视觉美。品茶时的点心选用四季应时的色彩，并做成各式各样的形状，让客人大饱眼福。

和菓子はもともと茶道の席でお茶を飲む前に食べるものとして作られました。様式美を重んじる茶道では、お菓子にも見た目の美しさが求められたからです。茶席でのお菓子は、季節に合わせた色使いでさまざまな形につくられ、目を楽しませてくれます。

問

日本的插花艺术是怎么回事？

日本の生け花とはどのようなものですか。

答

花道是起源于佛教的给佛献花，以后被茶道采用。日本的插花有从中世开始传承下来的流派，作为日本代表性的艺术文化花道在全国各地受到欢迎。

仏教の仏様への献花から始まったと言われ、茶道にも取り入れられました。日本の「生け花」は、中世から続く流派があり、華道という日本を代表する芸術文化で、日本全国に愛好者がいます。

58 和服

和服

問

和服是从中国传来的吗？

和服は中国から伝わったのですか。

答

和服也叫“吴服”，据说织布的方法是从古时的吴国传来的，设计和式样受七世纪以后中国和朝鲜的影响之后独自发展成形的。

和服は「呉服」とも言い、生地の織り方が呉の国から伝えられたと言われています。デザインやスタイルは７世紀以降の中国や朝鮮から影響を受け、後に独自の発展をしたものと思われます。

問

和服有哪些特征？

和服にはどのような特徴がありますか。

答

和服最大的特征是平面裁剪，也就是说不是像西洋服装那样按人体立体裁剪缝制的，而是将四方形的布料缝起来，像折纸一样披在身上，用腰带系起来穿，因此和服叠起来呈长方形便可以看出这一特征。另外，左右襟的盖法必须是左襟领盖在右襟领上也是特征之一。

和服の最大の特徴は、平面によって成り立っているところです。つまり西洋の服のように体に合わせて立体的に裁断・縫製されるのではなく、四角い布を縫い合わせ、折り紙のように工夫して身につけ、帯で締めて着こなします。その特徴は折りたたむと平らな長方形になるところからもわかります。また襟の合わせ方が必ず左身頃が上になるところも特徴です。

問

女性和服腰带里面是不是塞有什么东西？

女性の和服の帯は背中に何か入っているのですか。

答

和服腰带结除了有固定和服的作用以外，还有装饰效果，用各式各样的系法来展示和服的美丽。常见的太鼓结是特意系成鼓鼓的样子，里面并没有塞什么东西。不过袖兜里可以装手绢等轻的东西。

帯結びは着物をしっかりとめる役割以外に、装飾の意味もあります。美しく見せるためにさまざまな結び方があります。よく見るお太鼓結びは、ふくらんで見えるように工夫したもので、物を入れるためのものではありません。ただ、たもとの中にはハンカチなど軽い物を入れたりします。

59 穿和服

和服を着る

問

日本人平常穿和服吗？　浴衣在什么时候穿？

日本人は着物を普段着ますか。浴衣はどうですか。

答

现在日本人基本上不穿和服了，不会穿和服的人也大有人在，偶尔穿一次会受到周围的注目。不过，夏天穿浴衣很舒服，近年来穿上浴衣去看焰火的年轻人多起来了。

現在の日本人はほとんど着物を着なくなり、着方がわからない人もたくさんいます。たまに着物を着ている人がいると、周囲の注目を集めるほどです。夏に着る浴衣は着付けが楽なので、最近は花火見物のときなど、若い人が着るようになりました。

問

和服不好穿吗？

和服を着るのはむずかしいのですか。

答

不像西服那样容易穿，但是习惯了谁都可以穿的。

洋服のように簡単ではありませんが、慣れれば誰でも着られるようになります。

問

浴衣也可以当做睡衣吗？

浴衣は寝間着にもなりますか。

答

浴衣本来是沐浴时穿的，因古代是蒸气浴，沐浴时需要穿衣服。到近代浴衣成了睡衣，现在日式旅馆也作为睡衣或室内便衣为客人准备浴衣。同时，现代浴衣又是夏季时尚衣。

浴衣は本来はお風呂に入るとき着るものでした。古代の風呂は蒸し風呂だったので、入浴用の衣服があったのです。近代に入って浴衣は寝間着になりました。現在でも和風旅館では寝間着や部屋着として浴衣が用意されています。また、現代では浴衣は夏のおしゃれ着となっています。

問

什么时候穿和服？

どんなときに着物を着るのですか。

答

丝绸和服在日本是盛装，用于参加婚礼、拜访长辈上司、成人式、葬礼等（当然也可穿西服），正月也要穿上和服盛装去神社进行新年参拜。棉布和服是便装，平常可以用来打扮自己，但是正式场合不能穿。

絹の着物は日本では盛装となるので、結婚式、目上の人への正式な訪問、成人式、葬儀などに着ることができます（もちろん洋服でもかまいません）。お正月は着物で盛装して初詣に行ったり、年始参りに行ったりします。木綿の着物は普段着なので、おしゃれで着ることができますが、公式の場面では着ることができません。

60 学英语・学汉语

英語と中国語の学習者

問

街上到处都可以看到英语会话的招牌，日本人一般都会说英语吗？

街ではよく英会話教室の看板が見られますが、日本人は皆英語が話せるのでしょうか。

答

与香港和新加坡不同，在日本日常生活不用英语，因此尽管在初高中学过英语，但是会说英语的人不多。不过，为了应对国际化很多人认为“首先要掌握英语”，所以英语会话教室便随处可见。

香港やシンガポールなどと違って、日本では日常生活で英語があまり必要とされていないので、中学や高校で習ってはいても、英語が話せる人は多くありません。でも、国際化のために「まず英語をマスターしたい」と考える人が多く、それで教室が多いのです。

問

在日本学汉语的人多吗？

中国語の学習者は多いですか。

答

近年来想学汉语的人越来越多，在大学除了英语以外，汉语作为第二外语人气最旺。全日本除英语外，学汉语的人数超过学其他欧洲语言的人数。

中国語を学びたいという人は、近年増え続け、大学では英語を除く第二外国語として一番人気です。日本全体でも、英語以外の言語ではヨーロッパ言語をしのぐ学習者数がいます。

問

为什么有如此之多的人学习汉语？

なぜそれほど多くの人が中国語を学ぶのですか。

答

原因之一是当今日中之间经济关系强化，商务工作需要汉语。另外学汉语的中老年人很多，他们对邻国中国抱有亲近感和关心，而年轻人则更多是因为会汉语有利于找工作。

原因の一つは、日中間の経済的結びつきが強くなっている現状があり、ビジネス上で必要となってきています。また、中国語学習者には中高年層が多く、これらの人々は隣国・中国に親しみと関心を持っています。若い人は、中国語がわかれば就職に有利だという動機が多いようです。

61 书法

書道

問

日本人的汉字写得很好，在日本也有书法吗？

日本人は漢字を上手に書きます。日本にも「書法」がありますか。

答

汉字原本是中国的文字，但是日本人对汉字的感情更胜于中国人，因此书法非常盛行。小学有书法课，初高中有书法社团，常有书法展览，书法家受到人们的尊敬。

漢字は本来中国の文字ですが、日本人は漢字に対して、中国人以上に深い思い入れがあり、書道も盛んです。小学校では授業に書道があり、中学、高校には書道クラブのあるところもあります。書道の展覧会もあり、書道家は人々に尊敬されます。

問

年轻人也练书法吗？

若い人も書道をやりますか。

答

在日本新年１月２日有用毛笔书写喜庆文字的仪式，叫做“新春试笔（kaki zome）”，很多小学生也参加这一仪式。年轻人通过学校的书法社团活动，参加书法大会，还有一些女孩子在巨大的纸上用拖把一样大的毛笔进行书法表演，她们的书法表演活动被拍成电影叫做“书法女孩儿（Shodo girls）”。

日本には新年１月２日に、おめでたい文字を筆で書く「書き初め」という儀式があり、たくさんの小学生が参加しています。若い人も学校の書道クラブの活動を通して、書道大会に参加したりし、巨大な紙にモップのような筆で文字を書く書道パフォーマンスを演じる女の子たちもいます。彼女たちの活動は「書道ガールズ」という映画にもなりました。

問

日本人为什么这么喜欢汉字？

日本人はなぜそんなに漢字が好きなのですか。

答

很可能是因为在汉字从中国传到日本时，日本还没有文字，所以，汉字本身就是先进文化。对一般老百姓来说汉字是文化的权威，“很珍贵”，这种感觉如今也未改变。因此对中国现在使用的简体字会觉得“这也是汉字吗？”，抱有抵触情绪的人大有人在。

おそらく漢字が中国から伝えられた当時、文字がなかった日本では、漢字はそのまま先進的な文化でした。一般庶民にとっては漢字は文化的権威そのものであり、「ありがたいもの」と思われ、その感覚は現在でも変わりありません。そのため、現在の中国の簡体字には、「これが漢字なのか？」と抵抗感を持つ人が少なくありません。

62 汉字与假名

漢字とかな

問

汉字是什么时候传到日本的？ 什么是片假名和平假名？

漢字はいつ日本に伝わったのですか。カタカナとひらがなとは何でしょうか。

答

据说汉字是五世纪至六世纪从中国南方传来的，也有一说是三世纪由朝鲜半岛传到日本来的。之后七世纪至八世纪遣隋使和遣唐使将唐代的汉文带回日本。

片假名和平假名是受汉字的启发创造出的表达日文的表音文字，平安时代贵族女性首先开始使用，以后普及到民间。

漢字が伝わったのは、5～6世紀、中国南部から伝えられたと言われていますが、3世紀、朝鮮半島から伝えられたという説もあります。その後、7～8世紀、遣隋使・遣唐使を通じて唐代の漢文も伝えられました。

カタカナやひらがなは、漢字をヒントに日本語を表すためにつくられた表音文字で、平安時代に貴族の女性たちが使い始め、その後一般に広まりました。

問

什么是“音读”、什么是“训读”？

「音読み」「訓読み」とはどういうものですか。

答

“音读”是指用日语标记古代汉字传到日本时当时的汉语发音，比如“中”日语的音读念“ちゅう (chu)”，这跟现代汉语的“zhōng”的发音在音韵学上是有关联的。“训读”是将从中国传来的汉字按日语的意思来发音，比如“中”念“なか (naka)”。

「音読み」というのは、昔、日本に漢字とともに伝えられた当時の中国語の発音が日本語化した読み方です。たとえば「中」を「ちゅう」

と読むもので、この音は現代中国語の「zhōng」と音韻学的に関連があります。訓読みは中国伝来の漢字に、日本語の意味をあてて読むもので、「中」は「なか」と読みます。

問

对日本人来说，“汉文”和“汉诗”意味着什么？

日本人にとって「漢文」や「漢詩」はどういう存在ですか。

答

“汉文”指古代传到日本的当时的中文。2世纪至3世纪以后日本一直从文化发达国家中国引进了各种各样的思想和文化，“汉文”和“汉诗”至今作为古典文学占有重要的位置。

漢文は、昔中国からもたらされた当時の中国語のことを指します。2～3世紀以降、日本は常に文化の先進国、中国からさまざまな思想や文化を輸入しました。漢文や漢詩は現在も古典文学として重要な位置を占めています。

問

明治维新以后有很多日语词汇传到中国，是吗？

明治維新後、たくさんの日本語が中国に伝えられたそうですね。

答

放弃锁国政策对外开放的日本，急需引进并吸收已实现了近代化的西欧的知识和文化。对过去没有的概念society、freedom、right、nature等近代词语，文化人利用汉文知识分别译为社会、自由、权利、自然。而同一个时代的清朝末期的中国也做了同样的尝试，但由于社会混乱等原因未能得到认同。日本翻译的近代词汇通过来日本留学的清朝留学生回国后在中国得到推广，同时“手续”、“取缔”、“派出所”等随着社会制度的引进，这些词汇的汉语标记也传到了中国。

鎖国をやめて開国に踏み切った日本は、近代化された西欧の知識や文化を取り入れ、消化する必要に迫られました。従来、概念のなかったsociety、freedom、right、natureなどの近代用語を文化人が漢文の知識を使って、それぞれ社会、自由、権利、自然のように日本語化しました。同時代、清朝末期の中国でも同じような試みがなされましたが、社会の混乱のために定着しませんでした。こうした近代用語は、日本で学んだ清国人留学生が帰国後中国に広めたものです。一方、「手続き」「取り締まり」「派出所」などは社会制度の中国への導入とともに漢字表記が流用されたものです。

63 俳句・和歌

俳句・和歌

問

什么是俳句？

俳句とは？

答

俳句是以五七五的音节作的短诗，是江户时代发展起来的诗歌形式，规定每首俳句都必须有“季语”。松尾芭蕉和小林一茶等是江户时代有名的俳句诗人。俳句是通过对季节的变化和自然进行描写来抒发自己的心境，谁都能写，所以在全国有很多爱好者。

俳句は五七五の音節で詠む短い詩です。江戸時代に発展した形式で、「季語」を入れることが規則になっています。松尾芭蕉や小林一茶などが江戸時代の俳人として有名です。俳句は季節の変化や自然描写に自分の気持ちを重ねて詠み、誰にでも詠めるので、全国に多数の愛好者がいます。

問

什么是和歌？

和歌とは？

答

和歌是比俳句更为古老的诗文，有上千年的历史，按五七五七七的音节来作诗。10 世纪将历代和歌编撰成《古今和歌集》。现在日本有很多和歌爱好者，皇室每年过年都要举办新年歌会，不光是天皇陛下等皇族发表和歌，从全国征集来的和歌中由专家选出来的一般国民的优秀作品也会在此发表。

和歌は俳句よりずっと古い詩文で、千年以上の歴史があり、五七五七七の音節で詠みます。10 世紀には歴代の和歌を集めた『古今和歌集』が編纂されました。現在の日本でも多数の愛好者がいて、皇室では正月に歌会始という行事を行い、天皇陛下を初め皇室の人々の歌を発表するとともに、全国から応募された歌の中から専門家によって選ばれた国民の和歌が発表されます。

問

什么是川柳？

川柳とは？

答

川柳跟俳句一样是以五七五的十七个音节来写的短诗，不受季语等的限制，大多是讽刺社会现象，将人生的悲哀以诙谐的方式进行描写。让读者发笑的同时也产生共鸣。

川柳は俳句と同じく五七五で詠む短歌ですが、季語などの制約がなく社会風刺や人生の哀切などを諧謔的に詠むもので、多数の人々の笑いと共感を得ます。

64 铁道与公交车

鉄道とバス

問

新干线已经贯通日本全国了吗？

新幹線は日本全国につながっているのでしょうか。

答

依照新干线贯通全国的规划，1964 年即东京奥运会举办之年开通了东京至大阪的东海道新干线。以后陆续修建了山阳地方到九州、长野和新潟方面以及山形县和秋田县等东北地方的新干线，现在北海道和四国的新干线还在计划中。

新幹線は全国に通す計画のもと、1964 年、東京オリンピック開催の年に東京―大阪の東海道新幹線が開業しました。以後、徐々に整備され、山陽地方から九州、長野、新潟方面、山形や秋田などの東北地方までつながっています。北海道や四国はまだ計画段階です。

問

听说日本的电车和公交车都特别准时，是真的吗？

日本の電車とバスはいつも時刻通りに運行しているそうですが、本当ですか。

答

大都市的交通机关，特别是公交车因道路拥挤状况也会有晚点的时候，电车和地铁晚点也是常有的，只是因为车多人们不太在意而已。开往地方的长途列车几乎按时运行，新干线更是只有数秒之差。不过，长途汽车因道路拥挤情况有时也会出现大幅度晚点。

都市の交通機関の場合、路線バスは道路状況によって多少遅れることがあり、鉄道もダイヤの乱れはわりと日常的ですが、本数が多いのでさほど気になりません。地方を結ぶ長距離の場合、鉄道はほぼダイヤ通りに運行され、新幹線などは秒単位の誤差しかありません。長距離バスは道路状況によって大幅な遅れが出ることがあります。

65 汽车方便吗？

クルマは便利？

問

上下班一般都开车吗？　去东京玩儿利用什么交通手段最好呢？

通勤はふつう車でしょうか。東京で出かけるときにはどんな交通手段を使ったらいいですか。

答

因为大城市城区交通堵塞，停车不便，所以一般上下班都不开车，不过地方城市和农村汽车是必需品。在东京都内移动利用JR 以及各家私营电车或东京地铁最方便。

都市部は交通渋滞があり、駐車も不便なので、ふつう通勤に車は使いません。地方では車は必需品です。東京都内で移動するには、JRや私鉄各社、東京メトロなどの地下鉄が便利です。

問

打的方便吗？

タクシーは利用しやすいですか。

答

市区出租车很多，较大的车站前都有出租车乘车场，很方便。

都市部ではわりあいたくさん走っているし、主要な駅前にはタクシー乗り場があるので、利用しやすいです。

問

高速公路收费吗？

高速道路は有料ですか。

答

收费。不过，最近在限定期间等条件下，实施高速公路收费打折。

有料です。最近は期間などの条件つきの割引が行われています。

66 机场

空港から

問

中国航班一般利用哪些机场？

中国の航空機が乗り入れている空港はどこですか。

答

每天都有很多航班飞往千叶县的成田国际机场和大阪的关西国际机场，此外东京都的东京国际机场（羽田机场）、北海道的新千岁机场、宫城县的仙台机场、福冈县的福冈机场和冲绳县的那霸机场都有航班飞往北京和上海。

毎日多数の便があるのは千葉県の成田国際空港と大阪の関西国際空港です。そのほか東京都の東京国際空港（羽田）や、北海道の新千歳空港、宮城県の仙台空港、福岡県の福岡空港、沖縄県の那覇空港などが北京、上海と結ばれています。

問

从机场到市内的交通方便吗？

空港からのアクセスは便利ですか。

答

所有的国际机场都是为方便乘客而设计的，基本上交通都很方便。乘客多的成田机场和关西机场有机场大巴和电车、地铁通往市区，出租车 24 小时均可利用。另外，还有连接国内航线机场的大巴和电车、地铁。

どの国際空港も利用者の利便性を考えて設計されていますので、おおむね便利です。利用者の多い成田空港や関西空港は、バス、鉄道などで市内と結ばれ、タクシーは 24 時間利用できます。また、国内便の空港を結ぶバスや鉄道もあります。

問

日本的机场和车站都有中文标识吗？

日本の空港や鉄道には中国語の表示がありますか。

答

国际机场都有中文标识，但是一般车站除了东京大阪等有简体字站名和各种中文标识以外，大多数交通机关中文标识还不多见。

国際空港では中国語の表示があります。一般の鉄道の場合、東京や大阪などでは駅名が簡体字で示されていたり、さまざまな案内が中国語で表示されている場合がありますが、大多数の交通機関では中国語による案内は少ないです。

問

日本的机场有没有“黑车”（“野的”）？

日本の空港に白タクは多いですか。

答

机场没有黑车。出租车很多，去哪儿都不用担心会遇到黑车。

空港に白タクはありません。タクシーはたくさんあるので、どこへ行っても白タクにだまされる心配はありません。

67 传统节日

節句

問

什么是“桃花节”？

「桃の節句」とは何ですか。

答

3月3日“桃花节(momo no sekku)”是庆祝女孩子成长的节日，有女孩子的家庭与桃花一道要摆上象征平安时代贵族的古装偶人，吃糖果，以示庆贺。

桃の節句は3月3日、女の子の成長を祝って行う節句で、女の子のいる家では平安時代の貴族を表したおひな様という人形を桃の花と一緒に飾り、お菓子を食べたりします。

問

挂“鲤鱼旗”有什么意义？

「鯉のぼり」にはどんな意味がありますか。

答

挂鲤鱼旗是在5月5日端午节这个庆祝男孩子成长的节日，意思是祈祷男孩子健康成长出类拔萃。来自于中国鲤鱼跳龙门的典故。

鯉のぼりは5月5日の端午の節句、男の子の成長を祝う日に、元気に成長し、りっぱな人になるよう祈って掲げます。鯉が竜門を登って竜になるという中国の故事に由来しています。

問

日本也有春节和中秋节吗？

日本にも春節と中秋節がありますか。

答

日历是从中国传到日本的，因此中国的传统节日日本都有。

不过，明治时代推进欧化，彻底改用太阳历，过年和端午节都按阳历过。中秋节因为和月亮有关所以按阴历过。

暦が中国から伝わったので、中国の伝統的な節句は日本にもあります。ただ、明治時代、西欧化のために太陽暦が徹底され、お正月も端午の節句も新暦でやっています。中秋節は月と関係があるので、旧暦です。

問

日本人也过中秋节吗？ 吃月饼吗？

日本人も中秋節を祝い、月餅を食べますか。

答

日本也有中秋赏明月的习惯，只是没有中国一家团圆的意思，吃象征着圆月的糯米丸子，插芒草，欣赏秋季风情。中秋节和月饼在日本没有直接关联，月饼在中华街一年四季都可买到。

日本にも中秋の名月を観賞する習慣がありますが、中国のように一家団欒の意味はなく、満月に見立てたお団子を食べ、ススキを飾って秋の風情を楽しみます。中秋と月餅は日本では関係がなく、月餅は中華街などで１年中売られています。

68 正月

正月

問

日本过年放鞭炮和烟花吗？

お正月には爆竹を鳴らしたり花火を上げたりしますか。

答

日本有宁静地迎接新年的习惯，不放鞭炮和烟花。大年三十有时会放烟花。

日本のお正月は静かにお祝いする習慣なので、爆竹や花火はありません。大晦日に花火を上げることはあります。

問

过年怎么玩儿？

お正月には何をして遊びますか。

答

过去的传统是打羽球、放风筝、转陀螺、玩纸牌游戏、百人一首等。最近玩电子游戏、看租借的录像或去国外旅游。

昔の伝統的な遊びは羽根つき、たこ揚げ、コマ回し、カルタ取り、百人一首などです。最近は、テレビゲームをしたり、レンタルビデオを見たり、年末から海外旅行に行ったりします。

問

什么是“おせち（o sechi）料理”？

「おせち料理」とはどんなものですか。

答

“おせち（o sechi）料理”即年节菜是正月吃的年饭，传统年饭的菜谱有红白鱼糕、栗金团、伊达卷（鱼肉末鸡蛋卷）、熬沙丁鱼干、煮莲藕芋头、海带卷等，将这些佳肴装进套盒从元旦节开始吃三天。最近也有中餐和西餐的年饭。

おせち料理はお正月に食べるごちそうのことです。伝統的なメニューは、紅白のかまぼこ、栗きんとん、伊達巻き、小魚を甘く煮込んだ田作り、蓮根や山芋などの煮物、昆布巻きなどを重箱に詰めて、三が日に食べます。最近では中華料理や洋食のおせち料理もあります。

問

什么是“初詣”？

「初詣」とは何ですか。

答

“初詣（hatsu mode）”是指正月首次去神社参拜。有很多人12月31日晚去神社等候新年的到来，在新年到来的一瞬间开始祈祷一年的平安。

初詣は正月に、最初に神社に詣でることで、12月31日の夜から出かけて新年になると同時に拝む人も多いです。初詣では1年の平安を祈ります。

問

日本也过元宵节吗

元宵節はありますか。

答

没有元宵节。正月在1月7日结束。

元宵節はありません。お正月は1月7日で終わりです。

問

什么是福袋？

福袋って何ですか。

答

福袋是过年期间私人商店以及百货商店等特别出售的装在袋子里的商品，意味着袋子里装着幸福。袋子里装有各式商品，一般看不见里面装着什么，价格便宜几成，对消费者来说很合算，

对销售一方来说新年首次开店图个开门红。

福袋はお正月の期間、個人商店やデパートなどで特別に売り出す袋詰めの商品で、福が入っている袋という意味です。袋の中にいろいろな商品が入っていて、ふつう中身は見えないようにしていますが、何割も安くなっているので、消費者にとってはお買い得、販売者側にとっても、初売りの景気づけになります。

69 四季的习俗

季節の習慣

問

什么是人情巧克力？

義理チョコって何ですか。

答

人情巧克力与因商家销售战略而得以普及的情人节的习俗有关。在日本，这一天有女性给男性送巧克力以表达爱慕之情的习惯，同时作为礼节也向单位的男性上司或同事赠送巧克力，因为这属于“人情”所以就叫做“人情巧克力”。最近，还有送给女性朋友的“朋友巧克力”，另外，也有些男性“打破常规”送巧克力给自己喜欢的女性。

これはお菓子メーカーの販売戦略で広められたバレンタインデーの習慣に関係しています。日本ではこの日、女性が男性へチョコレートを贈ることで愛の告白をするということになっているのですが、女性たちは職場などで男性の上司や仕事関係者にも、儀礼としてチョコレートをプレゼントします。それを「義理だから」ということで「義理チョコ」と言っています。最近では女性の友人に贈る「友チョコ」、また「掟破り」で男性が好きな女性に贈ることもあります。

問

什么是“暑気払い（shoki barai）”？

「暑気払い」とはどんなことですか。

答

“shoki barai”即祛暑是指盛夏和朋友一起去露天啤酒店喝酒，或聚餐等来消夏。另外去看焰火、坐游览船、去鬼屋等让人感到凉爽的活动叫做“纳凉”。

暑気払いは夏の暑いころ、友人たちとビアガーデンに行ったり、宴会をしたりして暑さをしのぐことです。花火を見に行ったり、川下りなどで遊んだり、お化け屋敷を見に行ったりして涼しい気分になるのはよく「納涼」と言われます。

問

什么是“紅葉狩り（momiji gari）”？

「紅葉狩り」とは何ですか。

答

“紅葉狩り”是指去红叶景点观赏红叶，尽享秋季风情。

紅葉狩りは、紅葉の名所に行って紅葉を鑑賞し、秋の風情を楽しむことです。

問

什么是“忘年会”？

「忘年会」とは何ですか。

答

“忘年会”是指单位同事朋友的年底聚会，互相慰劳一年的辛勤工作，开心畅谈。

忘年会は、職場の仲間や友人たちと年末に行う宴会です。お互いに１年の苦労をねぎらい、楽しく歓談します。

問

什么是“彼岸”？

「彼岸」とは何ですか。

答

“彼岸”是佛教用语，表示跨越生死之海的超脱境界，“御彼岸（o higan）”则是指春分或秋分前后七天所举行的佛教仪式，一般秋季彼岸期间要去扫墓。

「彼岸」というと、仏教で生死の海の向こうの超越した世界を意味しますが、「お彼岸」というと、春分の日、または秋分の日の前後７日間に行う仏教的な儀式です。一般には秋のお彼岸に墓参りをします。

問

什么是中元和岁暮？

お中元とは何ですか。お歳暮とはどのようなものですか。

答

中元就是在夏季盂兰盆节的时候，岁暮就是在年末，为了给平常给予自己帮助的人致以问候和表达感激之情而赠送礼品。这个普及到全国的习惯具有巨大的经济效果。

お中元は夏のお盆のころ、お歳暮は年末、日ごろお世話になっている人に、ご機嫌伺いと感謝の気持ちを表すためにプレゼントを贈ります。全国的に普及しているこの習慣は、大きな経済効果をもたらしています。

70 祭祀活动

祭り

問

什么是盂兰盆舞？

盆踊りとは何ですか。

答

盂兰盆舞是佛教的祭祀，是农历 7 月中旬为安慰回到今世的祖先之灵的仪式。古时候一边念佛一边跳舞，现在盂兰盆舞成了夏季的一项乐趣，在广场中央设鼓台击鼓，人们围成圈伴随着鼓点跳舞，自得其乐。

盆踊りは仏教の祭事で、旧暦7月中旬、現世に帰ってくると言われる祖先の霊を慰めるための行事です。古くは念仏を唱えながら踊るものでしたが、現在では、夏の楽しみの一つとなり、広場の中心に建てた櫓で太鼓をたたき、人々が輪になって太鼓の音頭にあわせて踊ります。

問

“Nebuta 祭”是什么？

「ねぶた祭り」とはどんなものですか。

答

“Nebuta（睡魔节）”是青森县夏季的祭祀，据说目的在于安慰祖先的灵魂和除灾。睡魔节是用武士等各种形状的巨型灯笼装饰彩车，人们拉着彩车巡游，彩车周围有舞者伴行。

ねぶた祭りは青森県の夏の祭事です。祖先の霊を慰めるため、また災いを払うために行うと言われています。ねぶた祭りは、武者などの姿を現した巨大な灯籠を山車に乗せ、それを人々が引きながら、跳ね飛んで踊ります。

問

祇园祭是什么活动？

祇園祭とはどんな催しですか。

答

祇园祭是京都八坂神社的祭祀，于每年 7 月举行一个月，其中被称为“宵山”的三天是祭祀活动的高潮，举行称之为“山铧巡行”的神轿巡游。用豪华绸缎和灯笼装饰得格外美丽的神轿伴随着悠扬乐曲在街上巡游，吸引着来自全国各地的游客。

祇園祭は京都の八坂神社の祭事で、７月に１か月間行われます。なかでも宵山と呼ばれる３日間がクライマックスで、「山鉾巡行」が行われます。これは豪華な織物や提灯などで飾られた華麗な山車がゆったりとしたお囃子を奏でながら街の中を巡行するもので、日本全国から観光客が訪れます。

問

焰火大会每年都有吗？

花火大会は毎年行われるのですか。

答

作为会场的地方如果没有巨大的灾害发生，每年 7 月至 8 月日本各地都要举行焰火大会，人们都盼望着欣赏焰火师花一年心血设计出来的美丽的焰火。

会場となる地元で大きな災害などがなければ、毎年、７月から８月、全国各地で行われます。花火師が１年をかけて考案した美しい花火を見ることは誰にとっても大きな楽しみです。

71 各类庆典

祝い事

問

什么是“お宫参り（o miyamairi）”？

お宮参りとは何ですか。

答

参拜神社是指婴儿出生一个月时，由父母和奶奶或姥姥带到当地的神社去参拜，祈祷孩子健康成长的仪式。这时婴儿要由祖母抱。

お宮参りというのは、子どもが生まれて１か月になったとき、両親と、父方あるいは母方の祖母が一緒に地元の神社に参拝し、子どものすこやかな成長を祈る儀礼です。このとき赤ちゃんは祖母に抱かれます。

問

什么是“七五三”？

七五三とは何ですか。

答

七五三是江户时代流传开来的一种习俗。过去婴幼儿的死亡率很高，所以满三岁、五岁和七岁时就要庆祝。现在，女孩子是满三岁和七岁时，男孩子是满五岁时庆贺。孩子们穿上和服盛装，跟父母一起去参拜神社，父母会给他们买叫做千岁糖的棒棒糖。

七五三は江戸時代に広まった習慣で、子どもの死亡率が高かった昔、３歳、５歳、７歳になったときお祝いをしました。現在では女の子は３歳と７歳、男の子は５歳でお祝いをします。子どもたちは盛装の和服を身につけ、親たちと神社に詣で、千歳飴という棒状の飴を買ってもらいます。

問

成人式是什么样的仪式？

成人式とはどんな式典なのですか。

答

日本法律规定年满二十岁成人，拥有参政权（投票权），法律上也将其视为“成年人”。每年一月中旬的星期天，各地政府以年满二十岁的年轻人为对象主办正式的成人式。各地政府会事先给参加者寄去仪式通知，参加与否自由，不参加也会收到纪念品。这一天和七五三一样，很多新成年人都身着和服盛装。

日本の法律では20歳が「成人」で、参政権（投票権）を持てるようになり、法律上、「大人」として認められます。成人式は1月中旬の日曜日、各地方自治体の主催で満20歳になった人を対象に行われる公式の式典です。該当する人には事前に自治体から案内が送られますが、参加は自由で、不参加でも記念品などが贈られたりします。この日も、七五三同様、新成人は和服で盛装する人が多いです。

問

年满六十有没有特别的祝寿仪式？

60歳には特別なお祝いがありますか。

答

花甲大寿是祝贺满六十岁的大寿，意味着按干支计算正好过了一圈。因为六十岁是老年期的开始，有送红衣服等祈祷长寿的习惯。

還暦は60歳のお祝いで、干支でちょうど1まわりしたことを意味します。60歳は老年期の始まり、長寿を祈念して赤色の衣服などをプレゼントするのが習慣となっています。

問

还有其他的祝寿习俗吗？

ほかにも長寿のお祝いがありますか。

答

祝寿的习俗有七十岁古稀，七十七岁喜寿，八十岁伞寿，八十八岁米寿，九十九岁白寿。现在在日本超过百岁的长寿老人已不足为奇，有些地方政府给百岁以上老人赠送礼物。

長寿のお祝いは、70歳の古希、77歳の喜寿、80歳の傘寿、88歳の米寿、99歳の白寿がありますが、これ以上の名称はありません。現在の日本では100歳を超えるご長寿がめずらしくなく、地方自治体によっては、100歳を迎えたご長老にプレゼントを贈るところがあります。

72 葬礼

葬儀

問

日本人是火葬还是土葬？　墓地贵不贵？

日本人は火葬ですか、土葬ですか。墓地は高いですか。

答

过去习惯土葬，现在法律规定禁止火葬以外的方式。而且遗骨的埋葬只限于行政上认可的墓地。墓地需要付被称为“永代使用料”的费用，是一笔很大的开支。

かつては土葬の習慣がありましたが、現在は法律によって火葬以外の方法は禁止されています。また、遺骨の埋葬も行政によって認可された墓地に限られます。墓地に払うお金は「永代使用料」と言い、けっこう高いです。

問

葬礼如何进行？

葬儀はどんな感じですか。

答

葬礼大多按佛教形式举行，也有一些采用基督教或天主教的仪式，无论什么方式都要举行灵前守夜和告别仪式。参加这些仪式时需着黑色服装，并根据自己与故人的关系和地位赠送相应金额的“奠仪（香典）”，不能参加仪式时应该发唁电和送花。

お葬式は仏教による形式が多く、キリスト教による儀式もあります。いずれもお通夜と告別式の２回の儀式を行います。参列する人は、黒い服を着ていき、「お香典」という名称で、故人との関係や地位に応じたお金を贈ります。参列できない人は、弔電やお花を送ります。

73 旅游

観光

問

京都·奈良的旅游景点有哪些？ 东京的旅游景点有哪些？

京都・奈良の見どころはどんなところですか。東京の見どころはどんなところですか。

答

京都和奈良最值得一看的就是历史悠久的神社和佛庙，光游览最负盛名的古迹就需要一个多星期，此外还有很多赏樱花和红叶的景点。游东京的话浅草的浅草寺、东京天空树、新宿的摩天楼和各类主题公园都是很好的去处。

京都や奈良はなんといっても歴史の古い神社仏閣です。有名なところを見るだけで１週間以上かかります。桜や紅葉の名所もあります。東京では浅草の浅草寺、東京スカイツリー、新宿の高層ビル、いろいろなテーマパークもあります。

問

北海道和冲绳的旅游景点有哪些？

北海道・沖縄の見どころはどんなところですか。

答

两个地方都是大自然最有魅力。北海道有美丽的森林、湖泊、从阿穆尔河渡海而来的流冰。冲绳有湛蓝清澈的大海。不过，更希望游客能关注阿伊努和琉球的文化。

どちらも大自然がいちばんの魅力です。北海道は美しい森と湖、アムール川で生まれ、海を渡って流れてくる流氷です。沖縄は青く澄んだ海です。でも、アイヌと琉球の文化にも注目してほしいです。

問

银座是什么样的地方？ 原宿和涩谷又是什么样的地方？

銀座はどんなところですか。原宿･渋谷はどんなところですか。

答

银座是日本首屈一指的传统的繁华街，高档精品店和有名百货公司云集于此，可以说是“成年人的繁华街”。相反，涩谷和原宿是年轻人的时尚发源地，那里摆满了最新款式且廉价的快餐时尚。

銀座は日本でも有数の伝統ある繁華街で、高級なお店や有名百貨店のある「大人の街」です。反対に、渋谷、原宿は若い人向けのファッションの発信地です。そこでは最新の安価なファストファッションがあふれています。

74 住宿设施

ホテルいろいろ

問

住日式旅馆需注意什么？

和風旅館のマナーは？

答

传统的旅馆要脱鞋进去，鞋到离开旅馆为止由旅馆工作人员保管，到回去时会将鞋整齐地摆在旅馆门口。客房备有浴巾、毛巾、牙膏、牙刷、浴衣等，其中牙膏、牙刷和印有旅馆名称的毛巾可以带回去，其他属于备用品不能带走。可以穿浴衣在旅馆内或附近温泉街散步，这时旅馆会借给客人木屐或凉鞋。各个客房有负责的女服务员，如果她为你办理了通常服务以外的事宜时，可以适当给一点儿小费。

伝統的な旅館では履き物は脱いであがり、帰るときまで旅館の人が保管してくれ、帰るときには玄関にそろえて出してくれます。客室にはバスタオル、フェイスタオル、歯磨きセット、浴衣などが用意されています。そのうち、歯磨きセットと旅館の名前が入ったフェイスタオルは持ち帰っていいものですが、それ以外は備品なので持ち帰ってはいけません。浴衣で旅館内や、近所の温泉街を散歩してもかまいません。そのときは、ゲタやサンダルを貸してくれます。各客室には担当の仲居さんがいます。もし通常のサービス以外の用事をやってもらったら、心付けをあげるといいでしょう。

問

住酒店需要注意什么？

ホテルのマナーは？

答

住酒店的注意事项与其它国家一样。客房里备有拖鞋和浴衣等，但是在客房以外请不要穿浴衣。房间里备有浴巾和毛巾等，但

与日式旅馆不同毛巾不能带走。另外日本的酒店一般不收小费。

ホテルのマナーは外国とだいたい同じです。客室内にはスリッパや浴衣が用意されていることが多いですが、室外で浴衣姿で出歩かないようにしてください。バスタオルやフェイスタオルなども用意されていますが、旅館と違ってタオルは持ち帰ることはできません。日本のホテルではふつうチップを受け取りません。

問

民宿的魅力在哪儿？

民宿のいいところは？

答

与旅馆和酒店不同，民宿的家庭式的氛围是最大的魅力。近来很多民宿使用当地的材料做的饭菜美味可口，可以与旅馆等媲美。并且会很热情地给客人介绍旅游景点。

旅館やホテルと違って、アットホームな雰囲気がいいところです。最近の民宿は現地の食材を使って旅館に負けないほどおいしい料理を出してくれるところが多く、観光案内なども気安くしてくれます。

75 世界遗产

世界遺産

問

日本有多少世界遗产？

日本には世界遺産がどれくらいありますか。

答

到 2011 年现在为止日本的自然遗产有 4 处, 文化遗产有 12 处, 世界遗产共计 16 处。

2011 年現在で、自然遺産が 4、文化遺産が 12、合計 16 あります。

問

四处自然遗产在什么地方？

4つの自然遺産とはどんなところですか。

答

北海道的知床、跨青森和秋田两县的白神山地、冲绳群岛的屋久岛以及东京都的小笠原群岛, 4 处都保留着贵重的自然景观。知床的特征是流冰所到之处形成美丽的湖泊和瀑布, 还生息着北海道特有的动物；白神山地有一年四季美丽无比的水青冈森林；屋久岛有树龄达几千年的屋久杉；位于日本和美国大陆中间的小笠原岛不曾与任何大陆相连, 拥有被誉为“东洋的加拉帕戈斯”的独特的自然景观。

北海道の知床、青森と秋田にかけてある白神山地、沖縄諸島の屋久島、東京都の小笠原諸島です。いずれも貴重な自然が残る場所で、知床は流氷の流れ着くところで、美しい湖や滝、北海道特有の動物が特徴です。白神山地は四季を通して美しいブナの森、屋久島は樹齢数千年にのぼる屋久杉、日本とアメリカ大陸とのほぼ中間に位置する小笠原諸島は、どの大陸とも陸続きになったことがない「東洋のガラパゴス」と呼ばれる独特の自然が特徴です。

問

历史悠久的京都和奈良有多少世界遗产？

歴史の古い京都や奈良にはいくつの世界遺産がありますか。

答

京都和奈良历史特别悠久的寺院和建筑物一同作为一个世界遗产，京都有清水寺和延历寺等 17 个文化遗产，奈良有东大寺、药师寺、平成宫迹等 8 处文化遗产。

京都や奈良は、とくに歴史の古い寺院や建築物などがまとめて一つの世界遺産となっています。京都は、清水寺や延暦寺など 17 の文化財、奈良は東大寺、薬師寺、平城京跡など８つの文化財です。

問

平泉以什么成为世界遗产的？

平泉はどんなところが世界遺産と認められたのでしょうか。

答

平泉位于东北地区，远离曾是政治文化中心的京都，在吸收京都文化的同时建立了东北独特的“王国”，是奥州藤原氏四代的地盘。藤原氏的繁荣达 100 年后衰亡，但直至今日平泉人民仍珍惜地保护着国宝中尊寺金堂和毛越寺等遗迹。平泉就是以这些佛教遗迹为中心的自然景观得到评价而成为世界遗产的。

平泉は、かつて政治と文化の中心地であった京都とは遠く離れた東北にあり、京都の文化を吸収しながら東北独特の「王国」を築いた奥州藤原氏４代の地です。藤原氏の繁栄は 100 年ほどで滅びましたが、現在、平泉では、住民が国宝の中尊寺金堂や毛越寺などの遺跡を大事に保護しています。こうした仏教遺跡を中心とする自然景観が価値あるものと認められました。

問

广岛原子弹纪念馆为什么被指定为世界遗产？

広島の原爆ドームはなぜ世界遺産に指定されたのでしょうか。

答

原子弹纪念馆原本是作为展示广岛县物产的展览馆而修建的古建筑，1945 年美国投下的原子弹使广岛市受到前所未有的打击，核辐射的受害者痛苦至今。被原子弹炸毁的展览馆 1960 年代广岛县议会通过决议永久保存。申请世界遗产时认可其“与具有普遍意义的事件有直接或明确的关系”，1996 年被定为世界文化遗产。

この原爆ドームは、もとは広島県の物産を展示する展示館として建てられた古い建物でした。1945 年、アメリカが投下した原爆によって広島市は未曾有の打撃を受け、人々の放射能被害は現在にまでいたっています。原爆によって破壊された展示館は、1960 年代、広島県議会により永久保存が議決され、世界遺産登録では、「普遍的な意義を有する出来事と直接、あるいは明白に関係する」と認められ、1996 年、世界文化遺産に認定されました。

76 北海道

北海道

問

北海道有哪些风景优美的景点？

北海道で風景のきれいな名所はどこですか。

答

北海道风景名胜地很多，有广大的薰衣草田和向日葵田的美瑛、残留着冰河期地形的最北端的宗古岬、以瀑布之美而闻名的层云峡、红叶景点大沼公园、天鹅等野鸟飞来的十胜川，此外还有屈斜路湖、阿寒湖等神秘的湖泊。冬季在小樽可以看到流冰。

風景の名所はたくさんありますが、ラベンダーやヒマワリの畑が広がる美瑛、氷河期の地形が残る最北端の宗谷岬、滝の風景が美しい層雲峡、紅葉の名所、大沼公園、白鳥など野鳥が訪れる十勝川、そして屈斜路湖、阿寒湖など神秘的な湖があります。冬は小樽で流氷を見ることができます。

問

北海道有哪些美食？

北海道にはどんなグルメがありますか。

答

首先用北海道的大海盛产的海胆、墨鱼等海鲜做的寿司最美味，鲑鱼和咸鲑鱼子也是名产，夕张甜瓜是高级名牌水果。另外，玉米、土豆等农产品、奶油、奶酪等乳制品和札幌拉面也都是闻名全国的美食。

なんといっても北の海で採れるカニ、イカなどの海産物が豊富なので、寿司がおいしいです。サケやイクラも名産で、夕張メロンは高級ブランドの果物です。トウモロコシやジャガイモなどの農産物、バター、チーズなどの乳製品、札幌ラーメンも全国に知られるグルメです。

問

北海道有哪些产业？

北海道にはどんな産業がありますか。

答

农业、畜产业和渔业很发达，其次旅游业也正成为主要产业。

農業、畜産業、漁業が盛んです。それに続いて観光業も主な産業となっています。

問

“知床旅情”在中国很有名，知床在北海道吧？

「知床旅情」の歌は中国で有名ですが、知床は北海道ですね。

答

知床在北海道的东端，是滨临鄂霍次克海的一个海角。有海有湖，有野生动物生息的森林和草原，还有流冰飘来。

知床は北海道の東端、オホーツク海に面したところにある岬です。海があり湖もあり、野生動物がいる森や草原があり、流氷も到来します。

77 冲绳

沖縄

問

冲绳有哪些著名的景点？

沖縄の有名な風景スポットはどこですか。

答

冲绳最大的魅力是美丽的大海。冲绳本岛和石垣岛等都有很多美丽的海水浴场，除海水浴外，还可以潜水。

沖縄といえば美しい海が一番の魅力です。本島のみならず石垣島などきれいな海水浴場がたくさんあり、海水浴だけでなく、ダイビングもできます。

問

冲绳菜有什么特征？

沖縄料理はどんなものですか。

答

冲绳菜的特征是多用猪肉和海带，汤汁除海带外还常用干制鲣鱼。用海水盐卤做的豆腐以及苦瓜是主要的材料。另外，受美军的影响，墨西哥饭（Taco-Rice）也成了冲绳菜了。

沖縄料理の特徴は豚肉と昆布をたくさん使うところにあります。出汁には昆布のほか鰹節がよく使われています。海水のにがりを使った豆腐、ゴーヤも食材の主流です。米軍の影響を受けて、タコライスが沖縄料理に入っています。

問

冲绳方言有什么特点？

沖縄の方言にはどんな特徴がありますか。

答

冲绳方言叫琉球语，和日语是同一个语系，日本本土已经成为

古语的词汇在琉球语中还保留着。

沖縄方言は琉球語と言い、日本語と同系統で、本土では古語となった言葉も残っています。

問

冲绳人如何看待美军基地？

沖縄の人は米軍基地をどう思っていますか。

答

美军基地几乎都集中在冲绳，广大的土地被基地占有，加之美军飞机事故和一些美军士兵的犯罪行为，虽说很多人在美军基地得到工作，但是很多人认为冲绳为日本安全保障付出了牺牲。

米軍基地のほとんどは沖縄に集中しており、沖縄の土地が広範囲にわたり基地に占拠され、米軍機の事故や米兵の犯罪行為も起きており、米軍基地で職を得ている人も多いものの、日本の安全保障のために沖縄が犠牲になっていると思う人が多いでしょう。

78 温泉

温泉

問

露天浴池是什么样的？

露天風呂ってどのようなものですか。

答

要饱尝在大自然中泡温泉的乐趣最好就是去露天浴池。其实露天沐浴法最初是人们去泡自然涌出来的温泉，现在很多旅馆和宾馆都特意建造一些富有创意的露天浴池供游客享用。

自然環境の中で温泉につかる醍醐味を味わうのが露天風呂です。屋外の風呂に入る入浴法は、本来、自然にわき出た温泉に入ったのが由来ですが、現在は旅館やホテルが趣向を凝らした露天風呂をつくっています。

問

泡温泉有什么需要注意的地方？

温泉に入るマナーはどのようなものですか。

答

温泉是公共场所，进浴池泡之前一定要将身体洗干净，毛巾不能带进浴池，不过可以顶在头上比较方便。

温泉はみんなで入るところなので、つかる前に、必ず体をきれいに洗いましょう。そしてタオルは浴槽の中に入れてはいけません。頭の上に載せると便利です。

問

温泉的泉水都一样吗？

温泉のお湯はみな同じですか。

答

温泉因涌出来的地方不同所含的成份也各异，成份含有量较少

的称为单纯温泉。其他根据所含成份的不同有硫磺泉、碳酸氢盐泉、硫酸盐泉、酸性泉等各种温泉。因为温泉中含有如此多的成份，因此贴有孕妇和癌症患者不要入浴的提示。

温泉は、わき出る場所によって含有成分が違います。成分の含有量が比較的少ないものを単純温泉と言います。そのほか含有成分により硫黄泉、炭酸水素塩泉、硫酸塩泉、酸性泉などさまざまあります。このようにさまざまな成分があるので、妊娠中の女性や進行中のガンにかかっている人などは入浴しないよう、注意書きが表示されています。

問

泡温泉可以治病吗？

温泉に入ると病気が治るのですか。

答

一般认为温泉浴对肌肉痛、骨折、寒症、皮炎、慢性胃病有效，根据泉质不同对妇女病、高血压和动脉硬化有疗效。有些温泉称对癌症有疗效，但不知是否属实。

温泉浴で一般的に効果があるのは、筋肉痛、骨折、冷え性、皮膚炎、慢性の胃腸病などで、泉質によっては婦人病、高血圧、動脈硬化などに効果があるものもあります。ガンに効果があると言われる温泉もありますが、確かなことはわかっていません。

79 海边游玩

海の行楽

問

什么是“海開き（umi biraki）”？

「海開き」とは何ですか。

答

“海開き（umi biraki）”即开放海水浴场的“開き（hiraki）”是解禁的意思，就是说从当天可以开始海水浴了。同样的还有“开山（山開き）”的日子，也就是说封山季节已过可以登山和环山慢游了。

この場合の「開き」は解禁という意味で、その日から海水浴ができるようになります。同じように「山開き」の日があり、登山やトレッキングができるようになります。

問

日本有很多海水浴场吧？

海水浴場はたくさんありますか。

答

北海道和东北地区夏季也很凉爽，一般没有海水浴，其他地方各地都有海水浴场，适合洗海水浴的海岸是平浅的海滨沙滩。

北海道や東北は夏でも涼しいので、ふつう海水浴はしませんが、それ以外は各地に海水浴場があります。海水浴に適した海岸は遠浅の砂浜です。

問

什么是“海之家”？

「海の家」とは何ですか。

答

“海之家”就是在海水浴季节到来时在海边临时开的店铺，为

来海边玩儿的客人提供饮食以及休息室、更衣室和淋浴等服务设施。

海の家は海水浴シーズンにだけ海辺に開く臨時の店で、海で遊ぶ人々のため、飲食や休憩室、更衣室、シャワーなどを備えています。

問

日本人喜欢赶海吗？

日本人は海遊びが好きですか。

答

海水浴是明治以后从西洋传来的娱乐，四面环海的日本自古就有既好玩儿又有收益的赶海和地拉网的习俗。赶海是在早春退潮时去海滨捡蛤子和蛤蜊。地拉网是一种捕鱼的方法，将撒在海上的大网众人一起从海滨拉，大人和小孩都可以参加。

海水浴は明治以降に西洋からもたらされた行楽ですが、海にかこまれた日本には古来、実益と楽しみを兼ねた潮干狩りや地引き網という習慣があります。潮干狩りは春先、引き潮のときに砂浜でアサリやハマグリなどを採るものです。地引き網は漁猟の一種で、沖に投げた大きな網を砂浜から大勢で引くもので、大人も子どもも参加できます。

80 购物

ショッピング

問

在日本的商店买东西可以讲价吗？

日本のお店で値段交渉はできないのですか。

答

关于这一点，关东地区和关西地区有不同的文化。一般来说在关东地区几乎所有的店都不讲价，客人也不会砍价。但是，在关西地区客人和店员以开玩笑的方式讲价，虽说可以讲价，但是店员是不会漫天要价的。

これは関東と関西との文化的な違いがあります。関東ではどこの店でもふつう値段交渉には応じないし、客のほうも言いません。しかし、関西では、店の人と客とが冗談を交えて値段交渉をします。かといって、店の人が不当な金額を要求したりすることはありません。

問

日本没有卖假名牌货的吧？

日本では偽ブランド品は売られていないのですか。

答

在日本打假很彻底，没有卖假货的。不过，在繁华街路上违法做买卖的情况有时会有，所以还是小心为好。

日本では偽ブランドの取り締まりが徹底しているので、偽物が売られていることはありません。ただし繁華街の路上で違法に売られていることがありますから、気をつけてください。

問

日本最有名的百货公司有哪些？

日本の有名デパートは？

答

全国闻名的百货店有三越、松屋、伊势丹、阪急、松坂屋等几家。

全国的に知られるデパート（百貨店）は、三越、松屋、伊勢丹、阪急、松坂屋など数社です。

問

大型超市、购物中心与百货店有什么不同？

大型スーパーや、ショッピングセンターはデパートとどう違うのですか。

答

都是销售与人们生活密切相关的商品，百货店主要出售质量较高的商品，价格也较贵，但是人们相信在百货店能够买到高质量的东西。超市提供较为廉价的商品，以满足社区居民的日常需求。购物中心是很多店铺聚集在一栋建筑物内的商店街。

いずれも生活に密着したあらゆる商品を扱っていますが、デパートは品質の高いものを中心に扱っていて、価格は高いですが、デパートならば優良な品物が手に入るという信頼があります。スーパーは比較的安価で品物を提供し、地域住民の日常的ニーズを満たしています。ショッピングセンターは、いくつもの店舗が一つの建物に入った一種の商店街です。

81 城市里的公园

都市の中の公園

問

大城市的公园多不多？

大都市に公園は多いですか。

答

主要的大城市公园比较多，其中大多数是江户时代藩主的豪宅或有势力的寺院的用地以及皇室的御苑作为公立公园向一般民众开放。

日本の主要大都市にはわりあい多くあります。それらの多くは江戸時代の藩主の邸宅や有力な寺院の敷地、皇室の御苑だったものを公立の公園として一般開放したものです。

問

市民常去公园娱乐吗？

市民はよく公園に行って楽しみますか。

答

大家常常去公园。不过，公园一般由地方政府管理和运营并保护庭园文化，因此一般在公园里不能擅自点火、喝酒开宴会、到池塘游泳、开大音量听音乐以及跳舞等等。

みんなよく公園を利用しています。ただし、公園はふつう地方自治体が管理･運営し、庭園文化を保護しているので、ほとんどの公園では、火を使ったり、お酒を飲んで宴会をしたり、池で泳いだり、大音量で音楽を流したり、ダンスをしたりすることはできません。

問

公园里有没有健身用具？

公園に健康器具はありますか。

答

公立公园一般没有。中国公园里常见的健身用具在健身房或体育馆才有。

公立公園の場合、ふつうありません。中国の公園によくある健康器具は、フィットネス・スタジオやトレーニング・ジムのような施設にあります。

問

日本也有国家公园吗？

日本にも国立公園はありますか。

答

从北海道至冲绳共有 29 个国家公园。北海道有知床、大雪山、釧路湿原等，东北地区有贵重的水青冈森林的十和田湖周边公园以及八幡平公园，关东和东海地方有日光和富士山国家公园。九州有云仙 · 天草等，冲绳有西表岛和石垣岛。日本的国家公园的特征是除了保护自然环境，同时也要维护自古就在此居住的居民的生活。

北海道から沖縄まで全部で 29 あります。北海道は知床、大雪山、釧路湿原など、東北では貴重なブナの森のある十和田湖周辺と八幡平、関東および東海地方では、日光や富士山も国立公園に入っています。九州は雲仙·天草など、沖縄は西表島と石垣島です。日本の国立公園は、自然環境の保護と同時に、古来、そこに住んでいた人々の暮らしも守られていることが特徴です。

82 日本庭园

日本庭園

問

日本庭园有什么样的特征？

日本の庭園にはどんな特徴がありますか。

答

庭园很多在大的寺院、过去的大名豪宅或过去有权势的政治家和经济家的私邸内，大多可供一般人参观。庭园设计很多与中国有相通之处，只是太湖石那样的奇形怪状的岩石在日本不太受欢迎。不用水来表现流水的枯山水、借远山之景作为庭园风景一部分的借景等都是日本庭园的代表性特征。

庭園は、大きな寺院や、かつての大名屋敷、また過去の有力な政治家や経済人の私邸にあり、多くは一般公開されています。庭のデザインは多くの点で中国と共通していますが、太湖石のような奇石は日本ではあまり好まれません。また、水を使わずに流水を表現する枯山水や、遠くの山などを庭の景色の一部としてデザインする借景も和風庭園の代表です。

問

三大名园在哪儿？

三名園はどこにありますか。

答

金泽的兼六园、冈山的后乐园、水户的偕乐园被称为三大名园。

金沢の兼六園、岡山の後楽園、水戸の偕楽園が三名園と言われています。

問

三大名园有什么特征？

三名園の特徴は何ですか。

答

兼六园是江户时代作为加贺藩的庭园修建的，特征是模仿中国庭园的“湖园”，池塘中央有树木和岩石，还有可以俯瞰城下风景的山丘。后乐园是冈山藩主的庭园，具有 17 世纪元禄时代的特征，周围的山是借景。偕乐园是水户藩主的庭园，种有多达三千棵的梅树，梅花盛开的季节游客熙熙攘攘热闹非凡。

兼六園は、江戸時代の加賀藩の庭園として造られ、中国の庭園「湖園」にならい、池を中心に樹木や石が配され、城下を見下ろせる高台があるのが特徴で、とくに雪景色の美しさは有名です。後楽園も岡山藩主の庭園で、17 世紀の元禄時代の特徴があり、周囲の山々を借景にしています。偕楽園は水戸藩主の庭園で、広大な面積に 3000 本にのぼる梅が植えられ、梅の花の咲くころには大勢の観光客でにぎわいます。

問

龙安寺的石庭很有名，魅力在什么地方呢？

竜安寺石庭は有名ですが、どこに魅力がありますか。

答

京都的龙安寺是 15 世纪室町时代创建的禅寺，有名的石庭是代表性的枯山水庭园，据说是利用狭小的空间重现了中国的山水画的世界。用竹耙子扫过白沙留下的痕迹象征大海，大小十五块石头象征山脉和大陆。是谁有什么意图建造的庭园至今不得而知，神秘也可以说是龙安寺的魅力之一吧。

京都の竜安寺は 15 世紀の室町時代に創建された禅寺で、有名な石庭は、代表的な枯山水の庭で、中国の山水画の世界を小さな空間に再現したと言われます。熊手でかいた跡をつけた白砂は大海を、大小 15 の石は山や大陸を表していると考えられています。誰がどういう意図で造園したのかわかっていません。こうした謎が魅力だと言えるでしょう。

83 博物馆等

博物館など

問

值得一看的博物馆有哪些？

お勧めの博物館はどれですか。

答

关心历史的人都知道东京、京都和奈良的国立博物馆藏有一级收藏品。去千叶县的佐仓市国立历史民俗博物馆可以学习日本的历史。在东京的两国有展示江户时代的历史和文化的江户东京博物馆。东京的上野还有国立科学博物馆，一年四季孩子们都喜欢去参观。埼玉县 Saitama 市有展览铁路历史的铁道博物馆，也是孩子们人气的去处。另外有特色的还有目黑区的寄生虫博物馆。博物馆包括公立和私立在内，全国各地有很多。

歴史に関心があるならば、東京、京都、奈良にある国立博物館には一級の所蔵品があります。千葉県佐倉市の国立歴史民俗博物館では、日本の歴史が学べます。東京の両国には江戸時代の歴史と文化を展示する江戸東京博物館があります。東京上野にある国立科学博物館は、１年を通して子どもたちに人気です。埼玉県さいたま市には、鉄道の歴史を展示する鉄道博物館があり、これも子どもたちに人気です。変わったところでは、東京目黒区に寄生虫博物館があります。博物館には公立、私立を含め各地にたくさんあります。

問

有特色的动物园有哪些？

特徴のある動物園はどこですか。

答

历史最悠久的是东京的上野动物园，这里人气最旺的当然是从中国来的大熊猫。在富士野生动物园宽广的园内需坐巴士移动，可以近距离观赏能自由活动的狮子、猎豹、虎、长颈鹿等。北

海道的旭山动物园以企鹅和北极熊等北方动物为中心，通过具有创意的展示方法使动物的生态一目了然而名扬全国。

最も歴史が古いのは東京の上野動物園です。ここの一番人気はなんといっても中国から来たパンダです。富士サファリパークは広い園内をバスで移動し、自由にさせているライオン、チーター、トラ、キリンなどを間近に見ることができます。北海道の旭山動物園は、ペンギンやホッキョクグマなど北方の動物を中心に、生態がわかるように工夫された展示方法で全国的な人気を集めています。

問

有特色的水族馆有哪些？

特徴のある水族館はどこですか。

答

全国各地都有水族馆，最有人气的是冲绳的美海水族馆、三重县的二见海洋乐园、东京葛西临海水族馆、千叶县的鸭川海洋世界等。美海水族馆巨大的水槽展示鲨鱼、虹鱼等大型鱼，另一个魅力是海象、海狗、海豚等海洋哺乳动物的表演。鸭川海洋世界逆戟鲸溅起巨大水浪的跳跃表演最受游客的欢迎。

水族館は全国各地にありますが、人気のあるのは沖縄の美ら海水族館、三重県の二見シーパラダイス、東京の葛西りんかい水族館、千葉県の鴨川シーワールドなどです。美ら海水族館は巨大な水槽でサメやエイなど大型の魚を展示しています。また、もう一つの魅力は、セイウチ、オットセイ、イルカなど海のほ乳類のパフォーマンスも大きな魅力です。鴨川シーワールドでは、大きな水しぶきをあげるシャチのジャンプが人気です。

84 时尚

ファッション

問

涩谷 109 是不是专门销售少女服装的？

渋谷 109 は女の子のファッションを専門に売っているところですか。

答

是的，这里聚集了出售面向女孩子的服装、鞋、包、和首饰等的店铺，虽然都是最时尚的，但比较廉价，价位定在年轻女孩子能够承受的程度。

そうですね。ほとんど女の子向けの服や靴、バッグ、アクセサリーなどを売っている店が集まっています。最新ファッションですが、比較的安価で、若い女の子でも買えるくらいの価格設定になっています。

問

原宿的竹下通有什么特色？

原宿の竹下通りにはどんな特徴がありますか。

答

竹下通是原宿站前通向明治大街的长仅 300 米的缓坡路，两侧的店铺都是出售少女服装和服饰用品的，连小学的女孩子都喜欢去逛。

この通りは原宿駅前から明治通りに続く 300 メートルほどの緩やかな坂道で、並んでいる店は、ほとんど少女向けの服やアクセサリーの店です。小学生の女の子にも人気があります。

問

日本时装的发源地在哪儿？

日本のファッションの発信地はどこですか。

答

在东京的表参道和六本木。那里汇聚了很多时装店和一流广告设计师的事务所。

それは、東京の表参道や六本木です。そこにはファッションや広告の一流デザイナーが多く事務所をかまえています。

問

六本木为什么那么有名？

六本木はどうしてそんなに有名なのですか。

答

六本木 1960 年代因开有特色高级餐厅吸引了很多名人，加之周围有很多外国的大使馆，离国会议事堂也很近，便成了各国外宾和政治家利用的繁华街。以后新建了六本木新城（Roppongi Hills）这一云集高档精品店的时装大厦，朝日电视台大楼也在此地，被视为华丽时尚的前沿。不过，这里暴力团也多，夜晚风纪紊乱，因麻药或赌博等犯法行为被逮捕的人也不少。

六本木は 1960 年代に特色のある高級レストランができたことから、有名人が集まるようになり、周辺に外国の大使館も多く、国会議事堂からも近いことから、諸外国の人や政治家が利用する繁華街となりました。さらに六本木ヒルズという高級店が多数入ったファッションビルができ、大手のテレビ朝日の放送センターもあり、華やかな流行の最先端の地と思われています。ただし、暴力団関係者も多く、夜は風紀が乱れ、麻薬や賭博などの違法行為で検挙される人間も少なくありません。

問

银座是不是相当于北京的王府井？

銀座は北京の王府井にあたりますか。

答

作为首都东京历史最为悠久的繁华街，银座可以说是北京的

王府井。银座离皇居（旧江户城）很近，明治初期被大火烧毁后，作为近代化模式将街道两侧的建筑物改建成西洋式砖墙，因此成为近代日本最初的繁华街。1923 年关东大地震、以及 1945 年遭美军空袭变成废墟，战后服部钟表店（和光）、松屋百货店率领各店铺东山再起，使银座重新成为文化人、财政界人士、有钱人家的太太、小姐光顾的优雅的成熟时尚之街了。

首都・東京で最も歴史のある繁華街として、銀座は北京の王府井と言うことができます。銀座は、皇居（旧江戸城）から近く、明治初年に大火事で焼失したために、近代化のモデルケースとして通りの建物がすべて西洋風の煉瓦造りに変えられました。それが近代日本で最初の繁華街となったきっかけでした。1923 年の関東大震災、1945 年の米軍による空襲によって壊滅状態となりましたが、戦後は服部時計店（和光）や松屋百貨店を始め、各店舗が再起し、現在も文化人や財界人、お金持ちの奥様やお嬢様がショッピングに来る落ち着きのある大人の街となっています。

85 料理

料理

問

怀石料理是什么菜？

懐石料理とはどんなものですか。

答

“怀石”是将烤热的石头放在怀里取暖的意思，“怀石料理”就是仅可以暖暖肚子的很简朴的食物。本来是茶道饮茶前吃的简单饭菜，因此，即便使用最高级的材料，量也是极少的。

「懐石」とは、温めた石を懐に入れておなかを温めるという意味で、「懐石料理」は、おなかを温める程度の粗末な食事という意味です。本来、茶道で茶を飲む前にとる簡単な食事のことなので、どんなに最高の食材を使っていても、量はとても少ないです。

問

中国有四大菜系，日本菜也有这样的分类吗？

中国には四大料理ありますが、日本料理にもそのような分類がありますか。

答

没有分什么菜系，不过可以分为高级料理店的菜、一般餐厅的菜和家常菜三类。味道的嗜好各地不一，各地有各地的特色菜。关东菜、关西菜、东北菜、九州菜、冲绳菜等并不是菜系的分类，而是味道嗜好的不同。比如，关东（包括东北地区）喜欢酱油味浓的菜，关西包括九州和四国地区喜欢淡味儿，而冲绳与本土全然不同。另外，同是东北地区由于海运的关系与关西往来较深的山形县，受京都和大阪的影响，与岩手县等太平洋沿岸相比调味较甜。

そうした分け方はありませんが、高級料亭の料理とレストランなどの料理、そして家庭料理という３つに分けることはできるでしょう。味の好みは地方によって違い、地方ごとに特色のある料理があります。

関東、関西、東北、九州、沖縄は「料理」での分類ではなく、味の好みです。たとえば関東（東北まで含める）は醤油味が濃く、関西は四国や九州まで含めて薄味、沖縄は本土とはまったく別です。同じ東北でも、海運で関西とのつながりの深かった山形は、京都や大阪の影響を受け、岩手など太平洋側に比べて味付けが甘い。

問

日本人最喜欢吃的中国菜是什么？

日本人の最も好きな中華料理は何ですか。

答

最喜欢的是拉面、饺子和炒饭，不过拉面和饺子已经日本化了。除此之外，比较地道的中国菜应该说是干烧虾仁、咕咾肉、青椒肉丝和东坡肉四种菜吧。

なんといってもラーメン、ギョーザ、チャーハンがベスト３です。もっともこの３つはほぼ日本化しているので、それらを除き中華料理らしいものの中では、エビチリ、酢豚、チンジャオロースー、東坡肉がベスト４と言えるでしょう。

86 大米

米

問

日本的大米为什么这么好吃？

日本のお米はどうしてこんなにおいしいのですか。

答

大米自古就是支撑日本人生命的主食，左右日本经济的农作物。美味的大米正是日本人继承传统，不懈追求“好吃的米饭”的结果。

米は古来、日本人の生命を支える主食であり、日本経済を左右する作物でした。その伝統を受け継ぎ、日本人の「おいしいご飯」へのこだわりが反映された結果です。

問

最著名的大米产地在哪儿？

もっとも有名な米の産地はどこでしょうか。

答

有名的大米品牌是新潟县的“koshihikari（越光）”和秋田县的“Hitome bore（一见钟情）”、“Akita komachi（秋田小町）”。水稻本来是生长在东南亚温暖地带的农作物，日本的大米都生产在靠北方的地区。被认为不适合种大米的寒冷地带的北海道，也通过改良生产出了美味的大米。

米の有名ブランドは、新潟の「コシヒカリ」、秋田の「ひとめぼれ」「あきたこまち」です。米（稲）はもともと東南アジアのような温暖な地方の作物ですが、日本ではいずれも日本の北寄りの地域の産が米どころとなりました。米作には適さないとされた寒冷地の北海道でも改良によっておいしい米が生産されています。

87 水果

果物

問

日本的水果又大又甜，是不是有什么特别的栽培技术？

日本の果物は甘くて大きい。特別な栽培技術でもあるのでしょうか。

答

与大米不同，水果不是主食，因此没有来自国家的援助，为了生产高价值的水果，生产者付出了巨大的努力。水果既有日本传统的品种也有来自中国大陆或欧美的品种。水果本来就有酸味儿，可是喜欢甜味儿的日本人为了提高水果的糖度，不断致力于品种改良。为了让梨和苹果长得更大，改良了栽培方法，使养分集中到果实上。不过，近来小家庭多，又开发出了一个人也能吃完的小西瓜。

果物は基本的に酸っぱいものですが、甘いほうが商品価値が高いので、糖度を高める品種改良をしてきました。ナシやリンゴなども大きくするために果実に養分が集まるように栽培方法を改良してきました。ただし、最近は家族の人数が減り、一人でも食べきれる小さいサイズのスイカなども開発されています。

問

在哪儿可以买到又好吃又便宜的水果？

おいしい果物を安く買う方法はありませんか。

答

如果开车出游，去"miti no eki"可以买到廉价美味的水果。"miti no eki"是公路相关设施的一环，销售当地特产，兼有餐饮和休息设施，在全国各地有近千处这样的设施。这里出售的蔬菜和水果等农产品是产地直销，比市区的超市和百货店便宜得多。

もし車で旅行することがあれば、「道の駅」という店に行くと、比較的安く買うことができます。「道の駅」は道路関連施設の一つで、現地の物産の販売、飲食施設、休憩施設などを備えており、全国に1000カ所近くあります。そこでは野菜や果物などの農産物が直販され、都市部のスーパーやデパートなどよりだいぶ安く買うことができます。

88 牛肉

牛肉

問

听说日本的牛喝啤酒，所以牛肉非常好吃，是真的吗？

日本の牛はビールを飲むので、肉が大変美味しいと聞いていますが、本当ですか。

答

牛肉和大米、水果一样，有脂肪的美味牛肉能产生很高的商品价值，因此畜产农户千方百计在饲料上下功夫，创造养牛的良好环境，给牛喝啤酒也是方法之一。

牛肉も米や果物と同様、脂肪のついたおいしい肉ならば高い商品価値が生まれるので、畜産農家は飼料を工夫したり、牛の育つ環境をよくしたりしています。ビールを飲ませるというのも、そうした方法の一つです。

問

听说日本的牛肉特别贵，一般老百姓吃得起吗？

日本の牛肉はすごく高いそうですが、一般庶民でも買えますか。

答

国产的牛肉比进口牛肉贵，所以吃国产牛肉的日子是奢侈享受的日子。特别是名牌高档牛肉，一百克就要几千日元，这些牛肉对普通老百姓来说是可望而不可及的。

国産牛肉は輸入の肉にくらべて高いので、牛肉を食べる日はぜいたくをする日ですね。有名ブランドの高級牛肉となると、100グラム数千円にもなるものがあります。そうした牛肉は一般庶民にとっては高嶺の花です。

89 饮食习惯

食習慣

問

“Itadaki masu” 和 “Go chiso sama” 是什么意思？

「いただきます」と「ごちそうさま」の意味は何でしょうか。

答

吃饭前说 “Itadaki masu”, 意思是 “我开始吃了”, 吃完后说 “Go chiso sama”, 意思是 “很好吃, 谢谢”, 这两句话都是对做饭的人, 生产食物的人以及对作为食物提供给我们的所有的生命表示感谢。

食事の前に言う「いただきます」は「これから食べます」という意味で、食後に言う「ごちそうさま」は「おいしかった」という意味です。いずれも料理をつくってくれた人や、食材を生産してくれた人、ひいては食べ物になってくれた命に感謝する意味が含まれています。

問

吃日本菜应该注意什么？

和食を食べるとき守らなければならないマナーは何ですか。

答

首先筷子的用法有些规矩。吃日本菜以右手拿筷为前提, 筷子横放, 握筷处在右。右手举筷, 左手扶下被视为优雅的进餐姿势。绝不能用筷子接对方夹给自己的菜, 更不能把筷子插在饭上, 也不能用筷子头插着芋头等吃。酱汤和清汤要端着碗喝, 饭也是要端着饭碗用筷子夹起来吃, 背要伸直, 保持良好的坐姿。鱼骨头等剩下的东西要集中在盘子边上, 不能扔在桌上或地上。

まず箸の使い方に決まりがあります。和食では、右手で使うことを前提に、箸は持つほうを右にして横に置きます。そこで右手で箸を取り、左手でそれを支えて取り上げると美しい姿勢になります。箸から箸へ食べ物を渡すことと、ご飯に立てたりすることは絶対に禁止です。

箸は先のほうを使い、芋などを突き刺して取ったりしてはいけません。味噌汁やお吸い物はお椀をとって飲み、ご飯も茶碗を手にとって箸で食べ、背筋は常にまっすぐにしなければいけません。魚の骨など食べない物はお皿の端のほうに集めておき、テーブルの上や床に捨ててはいけません。

問

为什么日本的筷子和中国的筷子有些不一样呢？

日本の箸と中国の箸は微妙に違いますが、なぜでしょうか。

答

中国的筷子比日本的筷子长一些、粗一些，日本的筷子头是尖的。筷子是从中国传来的，但是进餐的礼节却有所不同。在日本，饭粒或者鱼刺掉在餐具外是“不懂礼仪”的行为，由此可以推想为了便于夹细小的食物筷子头就做成又细又尖的了。

中国の箸は日本の箸にくらべて太くて長く、日本の箸は先が細くなっています。箸は中国から伝わった道具ですが、食事の作法が違います。日本ではご飯粒や魚の骨などを器の外にこぼすことが「不作法」とされているので、小さなものでもつまめるように箸の先が細くなっていったのだと推測されます。

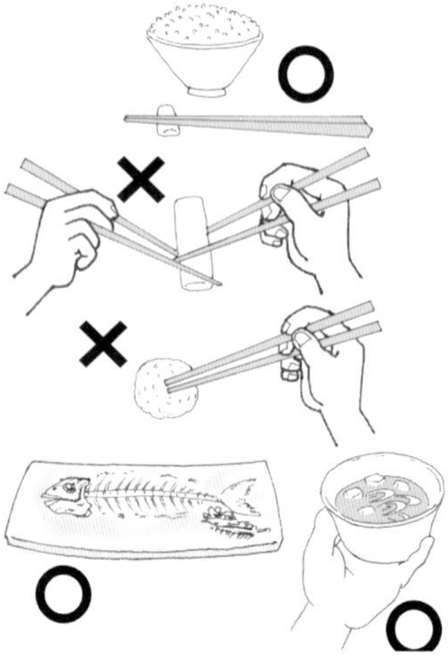

90 盒饭与外餐

お弁当と外食

問

日本人好像经常吃盒饭，盒饭都是凉的，不怕伤胃吗？

日本人はよくお弁当を食べますが、冷たいものを食べて、胃に悪くないですか。

答

盒饭可以说是日本独特的饮食文化。过去出门或者去干农活儿的时候带上饭团，去赏花等娱乐的时候要特意做些美味佳肴，到风景美丽的地方去品尝，这样的传统一直延续至今。做盒饭最关键的是凉了也同样好吃。

お弁当は日本独自の食文化だと言えます。昔は旅や野良仕事におにぎりのようなお弁当を持っていき、お花見のような行楽には特別のごちそうを作って、風景のきれいな場所で食べました。その伝統は現在にも受け継がれているのです。お弁当作りで大事なことは、冷めてもおいしい状態に作ることです。

問

在中国很多人早餐在外面吃，日本呢？

中国では朝食は外で食べる人が多いのですが、日本はどうですか。

答

日本人一般早餐在家里吃，在外面吃的只有一些未婚的上班族。中国小孩子也在外面吃，在日本如果小孩子在外面吃，周围人会指责家长不管孩子。

日本人はふつう朝食は家で食べます。朝食を外で食べるのは、独身サラリーマンのような人です。中国では子どもが朝食を外で食べることがありますが、日本では、子どもがそんなことをしていたら、親が怠慢だと非難されるでしょう。

91 日常餐饮

普段の食事

問

典型的家常菜是什么？

典型的な家庭料理はどんなものですか。

答

传统上是一菜一汤，除主食的米饭外有酱汤或清汤，再配烤鱼之类的菜。过去，鱼只有住在海边儿的人才吃得到，菜只有咸菜。现在家常便饭是米饭、酱汤、菜肴和咸菜吧。另外，印度传来的咖喱饭，发源于中国的煎饺子也成为日本人的家常菜了。

伝統的には一汁一菜と言い、主食のご飯のほかに味噌汁やお吸い物と、焼き魚のようなおかずがつきます。昔、魚は海に近い住民でないと食べられなかったので、おかずは野菜の漬け物でした。現在はご飯＋味噌汁＋おかず＋漬け物が基本でしょう。それとは別に、インド由来のカレーライス、中国由来の焼きギョーザも家庭の味となっています。

問

日本人早餐吃面包还是米饭？

日本人の朝食はパンですか、ご飯ですか。

答

米饭在日本是主食，早餐按常规也是米饭，不过，现在是面包和米饭各取所好。

ご飯が主食の日本では、朝食の定番はもちろんご飯でした。でも、現在はパンもご飯も両方あります。

問

日本的餐馆为什么冬天也给客人冰水？

日本の飲食店では冬でも冷水が出されますが、なぜですか。

答

水资源丰富的日本人总认为水和空气是“不要钱”的，所以作为最基本的服务免费供水是理所当然的。而且日本人习惯喝冰水，所以冬天也提供冰水。只是如果想喝开水或热茶，可以给店员说，一般会给提供的。

水の豊かな環境である日本では、水と空気は「タダ」と思われてきました。それで、水を出すことはサービスの基本なのです。お湯や温かいお茶がほしければ、お店の人に言えば、ふつうは出してくれます。

92 面类

麺類

問

中国有各种各样的面，日本也有吗？

中国にはさまざまな麺類がありますが、日本ではどうですか。

答

日本面类的代表可以说是荞麦面和乌冬面，荞麦面是日本东部的饮食文化，乌冬面是西部的饮食文化。冲绳的排骨面是小麦面做的，更接近中国的面。另外，受中国菜影响的拉面在日本各地都很受欢迎。

日本の麺類の代表はそばとうどんです。そばはだいたい東日本、うどんは西日本の食文化です。沖縄のソーキそばは小麦粉の麺で、中国の麺に近いでしょう。中華料理の影響を受けてできたラーメンは、ほぼ日本全国の人が大好きです。

問

中国的面食很丰富，日本怎么样？

中国では小麦粉の食文化が豊富ですが、日本ではどうでしょうか。

答

中国的面食之丰富可以和意大利媲美，日本传统的饮食文化没有那么丰富多彩。要说面食也只有乌冬面、挂面、凉面和山梨县的 hoto。其他还有一种用小麦面做的面疙瘩，但这只是战争时期和战后粮食不足时代的“不好吃的食物”的记忆。

中国の小麦粉食品はほとんどイタリアと同じくらい豊富ですが、日本の伝統的食文化にはそこまでの豊かさはありません。しいて言えば、うどん、そうめん、ひやむぎ、山梨県のほうとうくらいです。小麦粉を練ってちぎり、ゆでた「すいとん」もありますが、戦中戦後の食糧不足の時代にしかたなく食べた「おいしくない食べ物」と記憶されています。

問

日本的拉面在中国也很受欢迎。拉面有哪些种类？

日本のラーメンは中国でも人気ですが、どのような種類のラーメンがありますか。

答

拉面和饺子是二战后普及到全国的食物，日本人都很喜欢。拉面吸取荞麦面和乌冬面的吃法，创造出日本独自的发展道路，现在又反过来以“日式拉面”出口到中国并受到中国人的喜爱真是非常可喜。日本拉面的汤的做法有很多种类，其基本调味法主要有大豆酱、酱油和盐三种。

ラーメンとギョーザは、戦後日本全国に広まった食べ物で、日本人はみんな大好きになりました。ラーメンは、それまでのそばやうどんの食べ方を取り入れ、日本独自の発展をとげました。それが逆輸入で「日式ラーメン」が中国の人に人気だというのはうれしいことです。日本のラーメンは出汁の取り方がいろいろありますが、基本は、味噌、醤油、塩の３つの味つけです。

93 咖喱饭与饺子

カレーとギョーザ

問

日本人为什么如此喜欢吃咖喱饭？

日本人はどうしてカレーが大好きなのですか。

答

咖喱最初出现在明治以后军队的餐桌上，来自全国各地的出身贫穷的士兵退役以后便将咖喱饭传到全国。虽然跟印度的咖喱味道不同，但是营养丰富辣味浓厚对日本人来说是饮食文化的革命，之后，咖喱就成了一般老百姓的美餐了。

カレーは、明治以降、軍隊の食事として出され、全国から集められた、貧しい家庭の出身の兵士が食べ、彼らの退役後、全国に伝えられました。本場インドの味とは違いますが、栄養豊富で深みのある辛さは日本人にとって食文化の革命でした。それ以来、一般庶民にとってカレーはすばらしいごちそうになったのです。

問

日本的中华料理店都有饺子，是不是日本人特别喜欢吃饺子？

日本の中華料理店には必ずギョーザがありますね。日本人はそんなにギョーザが好きなのですか。

答

日本全国各地都很喜欢吃饺子。饺子传到日本是二战以后，战争年代移居或到中国东北地区赴任的日本人吃了当地的饺子觉得特别好吃，成为战后饺子在日本得以普及的契机。据说当时称为“满洲”的东北住着很多山东人，山东省的“锅贴”就传给日本人，所以日本人说饺子指的就是锅贴式的煎饺。

ほぼ全国の日本人はギョーザが大好きです。日本に「ギョーザ」が伝えられたのは、だいたい戦後のことです。それは、戦争中、中国東北部へ移住したり仕事で赴任したりした日本人が、現地でギョーザを食べておいしさを知り、戦後、日本に広めたことがきっかけでした。当時「満州」と言っていた東北には、山東省出身の人が多く、山東省の“锅贴”が日本人に伝えられたので、焼きギョーザが日本人にとってのギョーザとなったと言われています。

94 酒

酒

問

日本酒的酒精度数有多高？　烧酒是什么酒？

日本酒のアルコール度数はどのくらいですか。焼酎ってどんなお酒ですか。

答

根据日本酒的酿造法规定一般酒精度数在 10 至 20 度之间，大多是 13 至 14 度。烧酒是以大米、大麦或白薯等为原料的蒸馏酒，相当于中国的白酒，度数多在 20 至 35 度，也有 40 度以上的。

日本酒は酒造法に基づき、10 ～ 20 度くらいに定められており、だいたい 13 ～ 14 度です。焼酎は原料が米、大麦、サツマイモなどの蒸留酒で、中国の白酒に相当します。度数は 20 ～ 35 度が多く、40 度以上のものもあります。

問

日本喝酒有没有年龄限制？

日本では飲酒に関する年齢の制限がありますか。

答

日本喝酒跟抽烟一样必须满二十岁，十九岁以下的未成年人不允许喝酒，并且如果把酒卖给未成年人将构成犯罪行为。

日本ではタバコと同じく、20 歳以上でなければ飲酒できず、19

歳以下の未成年で飲酒したり、未成年者に酒を売ったりすると犯罪になります。

問

日本有哪些名酒？

日本の名酒にはどのようなものがありますか。

答

名酒都产在水好喝米好吃的地方，酿酒厂从北海道到冲绳遍布全国各地，好酒太多一句话说不完。无论到日本的什么地方都会有当地的美酒，最好向当地人打听以后再品尝各地的名酒。

銘酒はきれいな天然水とおいしいお米がとれるところで生産されます。酒造メーカーは北海道から沖縄まで各地にあり、一口に銘柄を紹介することは不可能なほどたくさんあります。日本のどこかに行ったら、そこにはきっとおいしい日本酒がありますので、現地の人に聞いて味わってください。

95 陶瓷器

陶磁器

問

陶瓷器是从中国传来的吗？

陶磁器は中国から伝わったのでしょうか。

答

陶瓷器的制作方法是从中国经朝鲜半岛传到日本的。在茶道诞生的战国时代，人们对中国的陶瓷器非常憧憬，当时从中国传来的“天目茶碗”成为日本的国宝。

陶磁器の製法は、中国と朝鮮半島から伝えられました。茶道が生まれた戦国時代には、とくに中国の陶磁器への憧憬が高まり、「天目茶碗」など中国から伝えられた器は、国宝となっています。

問

日本有哪些有名的陶瓷器？

日本で有名な陶磁器は何ですか。

答

伊万里烧（也称有田烧）很有名。伊万里烧是在明代末期出口欧洲的中国景德镇的陶瓷器因战乱无法生产，作为代替生产地其技术传到日本后发展起来的。此外，九州佐贺县的锅岛烧、石川县的九谷烧也以精品驰名。京都高雅的清水烧、朴素强劲的信乐烧以及酷似中国宜兴陶瓷的常滑烧也名扬天下。

伊万里焼（有田焼とも）は大変有名です。伊万里焼は、明代末期、ヨーロッパに輸出されていた中国景徳鎮の陶磁器が戦乱のため生産ができなくなり、代替生産地として、その技術が日本に伝えられたことから発展しました。そのほか九州佐賀県の鍋島焼き、石川県の九谷焼が高級品として知られ、京都の上品な清水焼、素朴で力強い信楽焼、中国の宜興焼によく似た常滑焼が有名です。

96 漫画・卡通・御宅族

マンガ・アニメ・オタク

問

日本人为什么那么喜欢漫画呢？

日本人はどうしてそんなにマンガが好きなのですか。

答

漫画受到关注还是在二战后。日本人喜爱漫画可能是因为战后手冢治虫等漫画家的作品给孩子们带来了梦想，发行漫画的出版社也随之成长起来。看漫画长大的一代又诞生了一批有特色的漫画家，创造出很多可以与文学作品媲美的优秀作品。现在，漫画以其自由的思维和丰富的表达方式，迷住了大人、小孩等众多的读者。

マンガがメジャーになったのは、戦後のことです。日本人がマンガを好きなのは、戦後、手塚治虫を初めとするマンガ家の作品が子どもたちに夢を与え、マンガを発行する出版社も大きく成長しました。また、マンガを読んで成長した人の中からユニークな作品を描くマンガ家が多数誕生し、文学作品に匹敵するすばらしい作品も生まれています。現在では、マンガは自由な発想で幅広い表現ができるので、大人から子どもまでさまざまな読者の心をつかむことができるのです。

問

什么是御宅族？　什么是秋叶原系？

オタクとは何ですか。アキバ系とは何ですか。

答

御宅族是指那些一味沉浸在自己的兴趣爱好之中，不善于交际的人。“AKIBA”是秋叶原的俗称，由于电器店云集在秋叶原，最新的电脑和游戏都在这里发表，于是秋叶原便成为御宅族云集的地方，随之成为为满足御宅族需求的卡通形象及女艺人的诞生“胜地”。因此，人们把诞生在秋叶原的卡通形象和电视

艺人以及这样的文化称为“秋叶原系”。

オタクとは、自分の趣味に没頭する人のことを指し、人付き合いが苦手なタイプの人たちです。アキバというのは、東京の秋葉原の俗称で、電器店が集中する町で最新のパソコンやゲームが発売されることから「オタク人種」が集まるようになりました。そして、オタク人種に合わせたアニメキャラクターや女の子のタレントが生まれる「聖地」にもなりました。ここで生まれたキャラクターやタレント、またそうした文化を「アキバ系」と言います。

問

角色扮演是什么时候开始的？

コスプレはいつごろから始まったのですか。

答

角色扮演是日式英语“costume play（古装戏）”的简称，现代版变装秀。在 1970 年代后期开始的同人志展销会“comic market（漫画市场）”会场，漫画迷们开始以扮演自己喜欢的漫画人物来场助兴，角色扮演便由此诞生。

コスプレはコスチュームプレーという和製英語の略で、現代版の仮装パーティです。1970 年代後半に始まった同人誌の展示即売会「コミックマーケット」の会場で、マンガ愛好者たちが自分の好きなキャラクターに扮して楽しんだことが始まりです。

問

什么是漫画咖啡屋？

マンガ喫茶とはどういうものですか。

答

漫画咖啡屋是以咖啡馆的形式，店里摆放很多漫画。只要点一些饮料和食物，就可尽情阅览陈列的漫画。

喫茶店の形式でマンガ本がたくさん置いてあるものです。飲み物や食べ物を注文すれば、置いてある本はいくらでも読むことができます。

97 大相扑

相撲

問

在日本大相扑有人气吗？

日本で相撲は人気ですか。

答

大相扑在全国很有人气。人与人徒手格斗有着人类共同的乐趣，具有传统仪式的大相扑不仅有作为格斗技艺的趣味性，而且相扑力士被视为传统文化的继承者，横纲就像英雄一样受到人们的爱慕。

相撲は全国的な人気があります。人間同士が素手で組み合う格闘技は人類共通のおもしろさがありますが、伝統的様式を持つ相撲は格闘技としてのおもしろさばかりでなく、力士たちは文化の継承者としても見られ、横綱は英雄のようにたくさんの人に慕われています。

問

大相扑的力士都是日本人吗？

大相撲の力士は皆日本人ですか。

答

不，有很多外国出生的力士，最多是来自蒙古的力士，此外还有中国、韩国、俄罗斯、保加利亚、哈萨克斯坦等国家的力士活跃在日本。

いいえ、外国人力士も大勢います。いちばん多いのはモンゴル国の力士で、そのほか中国、韓国、ロシア、ブルガリア、カザフスタンなどの国々の力士が活躍しています。

問

大相扑力士分几个级别？

力士にはいくつのランクがありますか。

答

力士们按实力分为 10 个级别，最下面的序之口、序二段、三段目、幕下这些级别没有工资，从十两开始可以拿到工资，十两以上的力士尊称为“关取（sekitori）, 再上面就是前头、小结、关胁、大关，最高级别是横纲。

力士には実力によって全部で 10 の階級があります。一番下から序の口、序二段、三段目、幕下までのランクでは給料がありません。その上が十両で、給料がもらえるようになり、十両以上の力士は「関取」という尊称で呼ばれます。さらにその上は、前頭、小結、関脇、大関となり、最も強い力士が横綱です。

問

每天都有相扑比赛吗？

相撲の試合は毎日ありますか。

答

不是每天都有。日本相扑协会举办的正式相扑比赛（称为“本场所（hon basho）”每年六次，其中东京三次，大阪、名古屋、福冈各一次。

毎日ではありません。日本相撲協会が主催する公式の相撲興行（本場所）は 1 年に 6 回、東京で 3 回、大阪、名古屋、福岡で各 1 回あります。

問

相扑力士为什么都很胖？

力士はどうして皆太っているのですか。

答

因为体重越重越稳定，不会轻易被对手抓起来甩出去，但是光有体重是赢不了的，还需要锻炼肌肉。

体重が重いほうが安定し、簡単に相手につり上げられたり投げられたりしないからです。しかし、ただ太っているだけでは勝てないので、筋肉も鍛えています。

問

看一场大相扑比赛要多少钱？

相撲を見るのにいくらくらいかかりますか。

答

最便宜的自由席要 2100，可坐四个人的枡席要 1 万多到 2 万日元，可坐 6 个人的枡席要 3 万以上。枡席带盒饭和酒，还有礼品。

いちばん安い自由席で 2100 円、4 人用の枡席で 1 万円余り～2 万円、6 人用枡席では 3 万円以上のものもあります。枡席ではお弁当やお酒が出され、お土産品もつきます。

98 麻将・围棋等

マージャンや囲碁など

問

日本人也打麻将吗？

日本人もマージャンをしますか。

答

打。在日本看到有“麻雀”的字样，得注意那不是麻雀的意思而是麻将。1970 年代在公司职员和大学男生中大为流行，到处都有被称为“雀庄”的麻将店，生意十分兴旺。不过，这几年没有过去那么多爱好者了。

やります。日本で「麻雀」という字を見たら、それはスズメという意味ではなくマージャンのことです。1970 年代にはとくにサラリーマンや男子大学生に人気で、どこにでも雀荘とよばれるマージャン店があり、繁盛していました。しかし、この数年はかつてほどの愛好者はいません。

問

围棋有人气吗？

囲碁は人気ですか。

答

围棋自古以来作为男人的兴趣爱好在全国很有人气。由日本棋院这一全国性的组织主办，设立段位（等级），评定职业棋手，赢得所有比赛的冠军为棋圣、第二名为名人、第三名称为本因坊，享誉全国。

囲碁は昔から、とくに男性の趣味として全国的な人気があり、日本棋院という全国組織の主催により、段位が設けられ、プロ棋士が認定されます。すべての対戦に勝ち抜いた 1 位は棋聖、第二位は名人、第三位は本因坊と称され、全国的な有名人となります。

問

日本象棋有人气吗？

将棋は人気ですか。

答

日本象棋与围棋一样很受全国国民喜爱，但是与中国的“象棋”、欧洲的国际象棋规则不同。象棋界也有日本象棋联盟这一全国性组织，分为名人、龙王等等级，级别高的棋手大都名扬全国。

将棋も囲碁に劣らず全国的な人気があります。しかし、中国の“象棋”やヨーロッパのチェスとは別のルールがあります。将棋の世界にも日本将棋連盟という全国組織があり、名人、竜王などのランキングがあり、上位の人はやはり有名人となります。

問

扒金库是赌博吧？

パチンコは賭博ですか。

答

扒金库在法律上不是赌博。在扒金库玩儿弹子游戏赢得的弹子不能换成现金，只能换成奖品，不过扒金库店附近都有叫“奖品交换所”的小店，在那儿可以将奖品换成现金。

パチンコは法律上では賭博には当たりません。パチンコ店ではゲームで当てた玉を現金ではなく、景品と交換します。もっとも、パチンコ店の近くには「景品交換所」という小さな店があり、そこで景品を現金に交換できます。

99 棒球

野球

問

日本人为什么那么喜爱棒球？

日本人はなぜそんなに野球が好きなのでしょうか。

答

棒球的人气可能与棒球队扎根于地区有关吧。热爱自己的地区自然就会声援本地的棒球队，加之日本人的团队精神强，所以喜欢团队性体育运动。

野球の人気は、チームが地域と結びついていることが理由でしょう。地域愛が地域を代表するチームへの支持につながっているのです。それに、組織力が得意な日本人はチームプレーにも関心が高いのです。

問

什么是“se league”，“pa league”？

「セ・リーグ」「パ・リーグ」とは何ですか。

答

“se league”是“Central League（中央联盟）”的简称，“pa league”是“Pacific League（太平洋联盟）”的简称，都是战后成立的职业棒球联盟。到比赛季节先在两个联盟内进行比赛，然后由各联盟的胜者进行日本选手权大赛，赛出日本第一。

「セ・リーグ」はセントラル・リーグの略で、「パ・リーグ」はパシフィック・リーグの略称です。いずれも戦後にできたプロ野球連盟で、試合のシーズンにはそれぞれのリーグ内で試合を行い、各リーグの最強のチーム同士で日本一を決定する日本選手権シリーズで闘います。

問

为什么“甲子园”那么有名？

「甲子園」はなぜそんなに有名なのですか。

答

甲子园是大阪的一个棒球场，因每年春夏两次举办全国高中棒球联赛而闻名全国。高中棒球联赛是由全国公立·私立学校的棒球部参加的业余棒球比赛，在地区预赛中获胜的球队才能参加甲子园的比赛。全国人民都声援自己出生地或所在地的球队，高中生的奋力拼搏感动全国人民。

甲子園は大阪にある野球場で、春と夏の２回、高校野球が行われることで知られています。高校野球は全国の私立・公立の野球部によって行われるアマチュア野球の試合で、地方選を勝ち抜いたチームが甲子園での試合にのぞむので、全国の人々は自分の出身地や地元のチームを応援し、高校生の真摯なプレーは全国の人に感動を与えます。

問

怎样才能成为职业棒球运动员？

プロ野球選手にはどうやったらなれるのでしょうか。

答

想进职业棒球队一般都先在实力雄厚的高中棒球队和实业团的棒球队（企业拥有的业余棒球队）培养实力，获得职业队指名或者通过了选拔考试的人才能成为职业选手。

プロ野球に入りたい人はたいてい強い高校野球のチームに入ったり、実業団チーム（企業が持っているアマチュア野球のチーム）に入ったりして実力をつけ、プロチームに指名されたり、入団テストを受けたりします。

問

日本人最喜欢的棒球选手是谁？

人気のある野球選手は誰ですか。

答

战后给全国人民梦想和勇气的长岛茂雄和王贞治在引退后的今天仍然得到人们强大的支持。现在的职业选手中进入美国职业棒球大联盟的“高吉拉（Gojira）”松井秀喜、一郎（Ichiro）、

松坂大辅、高中生选手时代被称为“手帕王子”的斋藤祐树、达比修（Darubissyu）有都是超越所在球队得到众人喜爱的选手。

戦後、全国の人に夢と勇気を与えた長嶋茂雄、王貞治は、リタイアした現在も大きな支持を得ています。現役のプロ選手では、アメリカのメジャーリーグに入ったゴジラこと松井秀喜、イチロー、松坂大輔、高校野球の選手だったとき「ハンカチ王子」と呼ばれた斎藤祐樹、ダルビッシュ有などがチームを越えて人気があります。

問

看一场棒球比赛要多少钱？

野球の試合はいくらくらいですか。

答

棒球比赛的门票站席是一千日元，外场席是两千日元，观赛的最好席位球网后面的 S 席要五千多日元。

野球の観戦チケットは、立ち見で 1000 円、外野席や応援用の席で 2000 円、試合がいちばんよく見えるネット裏の S 席では 5000 円以上します。

100 足球

サッカー

問

什么是“J league”？

「Jリーグ」とは何ですか。

答

“J league”是日本职业足球（Japan Professional Football）甲级联赛的简称。1993 年为了振兴足球事业进军 FIFA 世界杯足球赛而设立的。

日本プロサッカーリーグの略称です。1993 年に、サッカーの振興と FIFA ワールドカップ進出に向けて設立されました。

問

日本人最喜欢的足球选手是谁？

日本人が好きなサッカー選手は誰ですか。

答

为振兴足球事业做出杰出贡献的三浦知良、拉莫斯瑠伟等，即使不是足球迷也知道他们的名字。田中斗莉王、中田英寿、中村俊辅等也人气很旺。2011 年获得世界杯冠军的泽穗希等日本女足队员一夜之间成为女球星。

プロサッカー振興に貢献した三浦知良、ラモス瑠偉らは、サッカーファン以外の人でも知っています。田中マルクス闘莉王、中田英寿、中村俊輔も人気があります。女子サッカーでは 2011 年、世界優勝したなでしこジャパンの澤穂希ら全メンバーは一夜にしてスター選手になりました。

問

日本国家足球队队员为什么叫“samurai”？

男子サッカーの日本代表選手はなぜ「さむらい」と呼ばれる

のですか。

答

“samurai”是武士的意思，就是说是代表日本“拼搏的战士”。

「さむらい」とは武士のことで、日本を代表して「闘う戦士」という意味で言われています。

問

日本国家女子足球队为什么叫“nadesiko”？

サッカーの日本女子代表チームはなぜ「なでしこ」と呼ばれるのですか。

答

“nadesiko”是花名，美丽端庄的日本女性常被称为“大和抚子”，是代表日本女性的爱称。

「なでしこ」は花の名前で、美しくしとやかな日本女性をたとえて「大和なでしこ」といい、日本を代表する女性という意味でつけられた愛称です。

問

怎样才能成为职业足球运动员？

プロのサッカー選手にはどうしたらなれるのですか。

答

立志当职业选手的人一般从小就要进少年足球联赛去磨练技艺，进高中大学后加入学校的足球俱乐部或业余足球队，有实力的选手有的直接被国内外职业队选拔，有的通过选拔考试正式成为职业选手。

プロになる選手はたいてい子どものころからリトルリーグに参加して技を磨き、高校や大学のサッカークラブやアマチュアサッカーのチームに入ったりし、その中で実力のある選手は国内外のプロチームからスカウトされたり、入団テストを受けたりしています。

問

看一场足球比赛要多少钱？

サッカーの試合観戦のチケットはいくらくらいですか。

答

声援席一千日元、指定席三千日元、特别席五千日元。

応援席の 1000 円から、指定席 3000 円、特別席の 5000 円などがあります。

中国語索引（ピンイン順）

日本語索引

張　弘（ちょう　こう）
中国四川大学外国語学部卒業。北京外国語大学日本学研究センター大学教師研修コース修了。杏林大学国際協力研究科博士前期課程修了。言語コミュニケーション学修士。杏林大学外国語学部准教授。中国語通訳者・翻訳者。著書に『実用 やりとり中国語 初級』（NHK 出版）、『中国語 新語ビジネス用語辞典』（共著、大修館書店）、『中国語通訳講座 基礎編』（共著、三修社）など。

納村　公子（なむら　きみこ）
武蔵野美術短期大学油絵科卒業。翻訳家、日中学院講師。著書に『もっと知ろうよ！ 中国』（汐文社）など、編著書に『中国の子供はどう中国語を覚えるか』（語研）など、訳書に『纏足』（馮驥才著、小学館文庫）、共訳書に『中国農民調査』（陳桂棣、春桃著、文藝春秋）など。

中国人《ちゅうごくじん》が日本人《にほんじん》によく聞《き》く100の質問《しつもん》

2012年3月10日　第1刷発行

著　者　張　弘・納村公子
発行者　前田俊秀
発行所　株式会社　三修社
〒150-0001　東京都渋谷区神宮前 2-2-22
TEL 03-3405-4511　FAX 03-3405-4522
http://www.sanshusha.co.jp/
振替　00190-9-72758
編集担当　澤井啓允
印刷製本　倉敷印刷株式会社

ISBN978-4-384-03380-9 C2087

装幀　ノムラジュンイチ（アートマン）
本文イラスト　宇井野和成